RETIRO ESPIRITUAL COM

SÃO FRANCISCO

VIVER A ALEGRIA ESPIRITUAL

FREI ANTONIO LEANDRO DA SILVA

RETIRO ESPIRITUAL COM SÃO FRANCISCO

VIVER A ALEGRIA ESPIRITUAL

"Remédio contra as mil armadilhas
e astúcias do inimigo"
São Francisco de Assis

EDITORA
SANTUÁRIO

COORDENAÇÃO EDITORIAL: Ana Lúcia de Castro Leite
REVISÃO Sofia Machado
DIAGRAMAÇÃO E CAPA: Mauricio Pereira

Dados Internacionais de Catalogação na Publicação (CIP) de acordo com ISBD

S586r Silva, Antonio Leandro da

Retiro espiritual com São Francisco: Viver a alegria espiritual / Antonio Leandro da Silva. - Aparecida : Editora Santuário, 2025.
104 p. ; 14cm x 21cm.

Inclui índice e bibliografia.
ISBN: 978-65-5527-530-8

1. Religião. 2. Cristianismo. 3. Retiro. 4. São Francisco. 5. Espiritual. 6. Igreja Católica. I. Título.

2025-3749 CDD 230
CDU 23

Elaborado por Odilio Hilario Moreira Junior - CRB-8/9949

Índice para catálogo sistemático:
1. Religião : Cristianismo 230
2. Religião : Cristianismo 23

1ª impressão

Rua Pe. Claro Monteiro, 342 – 12570-045 - Aparecida-SP
Tel.: 12 3104-2000 – Televendas: 0800 - 016 00 04
www.editorasantuario.com.br
vendas@editorasantuario.com.br

Sumário

Siglas

Ad	Admoestações
AP	Anônimo Perusino
CA	Compilação de Assis
1Cel	Primeira Vida, de Tomás de Celano
2Cel	Segunda Vida, de Tomás de Celano
CIC	Catecismo da Igreja Católica
CNBB	Conferência Nacional dos Bispos do Brasil
EG	Evangelii Gaudium
2EP	Espelho da Perfeição (maior)
1Fi	Carta aos Fiéis (1ª Recensão)
2Fi	Carta aos Fiéis (2ª Recensão)
1Fr	Fragmentos da Regra não Bulada (Códice de Worcerster)
2Fr	Fragmentos da Regra não Bulada (Hugo de Digne)
HdA	História de uma Alma
3In	Terceira Carta a Inês de Praga
LM	Legenda Maior, de São Boaventura
Lm	Legenda Menor, de São Boaventura
LTC	Legenda dos Três Companheiros
RB	Regra Bulada

RnB	Regra não Bulada
SV	Saudação às Virtudes
Test	Testamento

Prólogo

São Francisco de Assis garantia que "o remédio mais seguro contra as mil armadilhas e astúcias do inimigo era a alegria espiritual. Costumava dizer: 'A maior alegria do diabo é quando pode roubar ao servo de Deus o gozo do espírito. Carrega um pó para jogar nos menores meandros da consciência, para emporcalhar a candura da mente e a pureza de vida. Mas quando os corações estão cheios de alegria espiritual, a serpente derrama à toa seu veneno mortal. Os demônios não conseguem fazer mal ao servidor de Cristo quando o veem transbordante de santa alegria. Quem tem o ânimo choroso, desolado e triste é facilmente absorvido pela tristeza ou então é levado a alegrias vãs. Por isso o santo tratava de viver sempre no júbilo do coração, conservando a unção do espírito e o óleo da alegria. Evitava, com muito cuidado, a horrível doença da tristeza, a tal ponto que, era só sentir fraquejar um pouco, ele já corria a rezar. Dizia: 'Quando o servo de Deus se sente perturbado por alguma coisa, como acontece, deve levantar-se quanto antes para rezar e ficar firme diante do Pai supremo até que lhe devolva sua alegria salutar. Porque, se a tristeza demorar muito, fará desenvolver-se o mal babilônico que, se não for levado pelas lágrimas, produzirá no coração uma ferrugem que vai ficar'" (2Celano LXXXVIII 125).

A alegria espiritual de Francisco é uma virtude que foi cultivada ao longo de toda a sua experiência mística, degrau por degrau, sem dar trégua ao veneno mortal da serpente, símbolo do demônio, o mesmo que tentou Adão e Eva, no Paraíso. Ele tem consciência de que, se não vigiar a si mesmo, a serpente poderá derramar-lhe o veneno em seu coração, levando-o ao desânimo espiritual, à tristeza e à acédia. Para isso, o Pobre de Assis procurava cultivar um coração cheio de alegria espiritual, por meio de orações e jejuns interruptamente. Diante desse propósito, os demônios não conseguiam fazer mal ao servidor de Cristo quando o viam transbordante de santa alegria.

A alegria é uma conquista espiritual que deve ser buscada no cotidiano da vida, sujeita às tentações, às armadilhas e às astúcias do inimigo, que nos são confrontadas nas relações com Deus, com as coisas e com os outros. O Seráfico Francisco, diante de tais desafios, ensina-nos como fazer o progresso espiritual, a fim de que tenhamos sempre a alegria do coração e nos conservemos na unção do espírito e no óleo da alegria.

Este livro é uma reflexão sobre os pecados capitais e seus contrapontos (as virtudes), cujo fundamento encontra-se na mística de Jesus Cristo e de São Francisco. De forma que, primeiro, apresento o sentido de cada pecado capital, seguido de seu contraponto, uma virtude, e, enfim, para melhor assimilação do conteúdo, indico textos para a meditação, questões para reflexões e orações.

Tomando como figura exemplar a pessoa de Francisco, os pecados capitais são refletidos como "as mil armadilhas e astúcias do inimigo" que sente maior alegria quando pode roubar de nós "o gozo do espírito", levando-nos àquela "tristeza individualista que brota do coração comodista e mesquinho, da busca desordenada de prazeres superficiais, da consciência isolada" (*EG* n. 2). Esse inimigo somente deve ser superado por meio da "alegria espiritual", cultivada no encontro com Jesus Cristo, que nos liberta de toda e qualquer dependência e nos faz recuperar a "doce alegria" interior, por meio de orações e jejuns.

Jesus Cristo proporciona-nos alegria, segurança e confiança. Afirma Santo Agostinho que a felicidade nada mais é do que "a alegria na alma", mas somente quando ela encontra Deus. A alegria de Francisco é a mesma alegria de uma criança ao se entregar totalmente aos braços da mãe. Assim se entrega Ele aos braços de Deus. "Viver a alegria espiritual significa vivenciar os instantes de gratuidade e de intensidade do mistério, deixando-se envolver, de corpo e Alma, no Ser de Deus" (SILVA, 2023, p. 98). E "a verdadeira felicidade se apresenta no interior da pessoa, pois é um estado de espírito em que a alma se encontra repleta de alegria" (SILVA, 2023, p. 109).

O que é a Alegria Espiritual?

São os instantes de intenso arrebatamento do corpo e da alma no Ser de Deus; é um estado de espírito em que a alma se encontra repleta de felicidade, ao desprender-se das mil armadilhas e astúcias do inimigo; é o desabrochar do sentimento de gratidão da alma, ao sentir-se libertada dos pecados da soberba, avareza, inveja, ira, luxúria, gula, preguiça e tristeza.

Portanto, "A alegria do coração é a vida do homem, e um inesgotável tesouro de santidade. A alegria do homem torna mais longa sua vida" (Ecl 30,22-23).

São Francisco e o Pecado da Soberba

"A soberba precede à ruína; e o orgulho, à queda"
(Pv 16,18)

Para São Francisco, o pecado de Adão foi por desobediência. Adão, ao comer da "árvore da ciência do bem e do mal" (Gn 2,16.17), apropriou-se de "sua vontade" e se exaltou dos "bens" que o Senhor disse e operou nele (Ad II,3). Adão é protótipo de quem se ensoberbou contra a vontade de Deus; ele quis ser como Deus. Adão e Eva pecaram porque foram tomados pela arrogância e pelo orgulho de si mesmos.

Francisco aconselha os irmãos que a única coisa que alguém poderia gloriar-se de si mesmo, ao ser constituído acima dos outros, seria ter a consciência de que fora "destinado para o ofício de lavar os pés dos irmãos" (Ad IV,2). Pois em nada podemos gloriar-nos senão "em nossas fraquezas" (2Cor 12,5) e em *carregar cada dia* a santa Cruz de Nosso Senhor Jesus Cristo" (Jo 19,17; Lc 9,23; 14,27).

O Irmão de Assis conhecia a humildade do frade por meio do "espírito do Senhor: se seu eu não se exaltar, quando Deus realizar por meio dele algum bem" (Ad XII). Nossa vontade, sem dúvida, é sempre nos exaltarmos quando somos bem-sucedidos em alguma promoção a cargos, concursos, prêmios, títulos etc. Lembro-me da ocasião em que fui condecorado com a Comenda Juncal de Piripiri! Enchi-me de orgulho interior, achando ser um reconhecimento por tudo que eu fizera por Piripiri. E, assim, outros eventos poderiam encher-me de soberba e vanglória: quando passei na prova seletiva para a Pós-graduação, os títulos de mestre e doutor, o tempo em que estive professor nas instituições de ensino superior, as publicações de livros, os cargos que fui assumindo na Província e nas Dioceses etc.

Esse tipo de felicidade é muito passageiro, efêmero, embora tais conquistas eu as tenha alcançado por meus méritos, apropriando-me de minhas próprias inspirações e transpirações, dos recursos que foram colocados a minha disposição e das conjunturas que cortaram os trilhos de minha vida.

Todos esses "bens" que eu adquiri devem ser colocados a serviço dos outros, em nome de Jesus e de sua Igreja. Dessa forma, meu "eu" não cairia na tentação do pecado do orgulho, segundo o santo, pois diante desses bens, o "eu" deveria se considerar "o mais desprezível e se avaliar como menor do que todos os outros homens" (Ad XII,1-3). Enfim, aconselha-nos ele: "*Bem-aventurado o servo* (Mt 24,46) que não mais se exalta do bem que o Senhor diz e opera através dele do que [pelo bem] que diz e opera por meio de outro" (Ad XVII,1).

Comportamento exemplar é o da Virgem Maria. Ao receber a visita do Arcanjo Gabriel, de que, pela força do

Espírito Santo, tornar-se-ia a Mãe do Salvador da humanidade, não se gloriou de si mesma. Ao visitar sua prima Isabel, que a reconheceu Bem-Aventurada, a Bendita entre as mulheres, ela prorrompeu em agradecimento a Deus: "Minha alma glorifica ao Senhor, meu espírito exulta de alegria em Deus, meu Salvador, porque olhou para sua pobre serva... Porque realizou em mim maravilhas aquele que é poderoso, e cujo nome é santo" (Lc 1,46.49). Maria não se gloriou de si mesma, exaltando-se e enchendo-se de vanglória e orgulho. Por se fazer humilde serva, Deus a cobriu de grandeza: coroada como Rainha do céu e da terra.

Os meios tecnológicos e de comunicação e as mídias sociais têm revelado o comportamento e a conduta de muitas pessoas influenciadoras que terminaram se perdendo por causa da fama, do status e do prestígio econômico e cultural. Tornaram-se autossuficientes e acabaram exaltando-se a si mesmas, a ponto de sentirem-se poderosas, quebrando regras morais e éticas de respeito aos diferentes sujeitos com suas peculiaridades étnicas, ideológicas, políticas, culturais, estratos sociais, credos religiosos. A soberba é irmã do orgulho.

A soberba, quando não trabalhada psicologicamente, pode revelar as fraquezas humanas, como no caso de uma senhora que agiu com violência contra um office-boy, alegando ser superior àquele trabalhador; também um juiz reagiu da mesma forma contra outro office-boy, alegando superioridade. Essas formas de abuso de poder temos de rechaçar de nossas relações humanas; fazendo isso, estamos no caminho da humanização, do crescimento espiritual.

Francisco orienta-nos para que não nos gloriemos nem nos exaltemos interiormente das "boas palavras e obras, e menos ainda, de nenhum bem que Deus muitas vezes faz ou diz e opera" (RnB XVII,6.9; 1Fr 44) em nós, acautelando-nos da "soberba e da vanglória", da "sabedoria deste mundo e da prudência da carne" (Rm 8,6; 1Fr 44.47; RnB XVII,9; 2Cel LXXXIXIII 130,2). Se há soberba e vanglória é porque nos deixamos guiar pelo "espírito da carne", que se ensoberbece em tudo que dizemos por palavras e obras. Francisco não se deixava enganar pelas coisas mundanas, mesmo quando recebia das pessoas, dos irmãos ou de prelados algum elogio a respeito de sua forma de vida. Não se deixava intoxicar com a sabedoria do mundo nem com os desejos da carne.

Nas pegadas do Pobre de Assis, aprendemos com sua forma de vida: deixar-nos guiar pelo "Espírito do Senhor" que, pelo contrário, quer que "a carne seja mortificada e desprezada, vil e abjeta" (1Fr 48). Nessa perspectiva, devemos procurar "a humildade, a paciência e a pura simplicidade e a verdadeira paz do espírito" (1Fr 52). Dar lugar à "divina sabedoria" e não à sabedoria do mundo é um caminho de crescimento espiritual, orienta-nos Francisco.

O Jovem de Assis queria que sua fraternidade fosse formada de irmãos, em que os ministros, e não superiores, fossem "servos de todos os irmãos" e que se acautelassem "*de toda* soberba, vanglória, inveja, *avareza* (Lc 12,15), cuidado e *solicitude* deste *mundo* (Mt 13,22), detração e murmuração" (RB X,6-8). Aqui, novamente, ele chama a atenção para que os irmãos deixem-se possuir pelo "Espírito do Senhor e seu santo modo de operar, rezar sempre a ele com o coração puro e ter humildade e paciência na perseguição e na enfermidade e amar aqueles que nos perseguem, repreendem e censuram..." (RB X,9-11). Francisco tinha clareza de que "nada nos pertence, a não ser os vícios e pecados" (RnB XVII,7).

Nessa atitude de Francisco, percebe-se a largueza de humildade em sua vida, pois nenhum dos acontecimentos exteriores lhe causam sofrimento na alma nem lhe dão prazer e felicidade, mas se vale de suas fraquezas - vícios e pecados - para revelar tudo o que traz consigo mesmo. Aqui não há aparência senão um revelar-se em sua essencialidade, o que *é*.

Para se eximir do pecado do orgulho, Francisco procurava ser o mais discreto possível. Como homem transparente e conhecedor de suas fraquezas, "Toda vez que seu espírito tinha o sentimento de vanglória, imediatamente revelava-o diante de todos em desnudada confissão". Como, certa vez, tendo doado seu manto a uma velhinha, que lhe pedira esmola, e "sentindo insinuar-se o movimento da vaidade, imediatamente confessou diante de todos que havia tido vanglória" (2Cel XCV 132).

Assim o santo, diante da fama e dos elogios, evitava se envaidecer, pois sabia que tais atitudes poderiam "ser causa de ruína. Muitas vezes, de fato, quando era exaltado por muitos como santo, respondia *palavras desse tipo* (Gn 39,10): "Ainda posso ter filhos e filhas; não me louveis como se estivesse a salvo! Não se deve louvar ninguém cujo êxito é incerto" (2Cel XCVI 133; XCVII 134). Enfim, São Francisco "esforçava-se por destruir *a vanglória* (Gl 5,26) na origem, não permitindo que subsistisse por um momento sequer o que *ofendesse os olhos* (1Sm 29,7) de seu Senhor. Pois muitas vezes, quando era exaltado com muitos louvores, lamentando e gemendo, imediatamente, mudava o afeto em tristeza" (2Cel XCIII 130,2-3).

Essa era a única ocasião em que Francisco se apresentava tristonho: quando era exaltado com louvores e elogios; tinha consciência da fragilidade humana, do quanto a pessoa tende a orgulhar-se de si e de suas obras.

Francisco sentia-se triste porque não queria que sua alma chegasse à ruína, à perdição.

No livro *Imitação de Cristo*, há um aforismo importante: "No coração do soberbo reina a inveja e a ira frequentes" (Livro I, VII,3). Como nos livrar desse pecado capital? Como vivermos esvaziados de qualquer inveja diante do outro? Bem escreveu Santo Agostinho: "A soberba separa-nos da sabedoria, faz com que queiramos ser nós mesmos nosso bem, como Deus é seu próprio bem; a tanto chega à loucura do crime!" (Sobre o Livre Arbítrio III,24).

Contraponto à Soberba: Humildade

"A humildade é guarda e beleza de todas as virtudes"
(2Cel CII 140,1)

O remédio para a soberba é a humildade. Francisco quebrou a vaidade quando alcançou "a perfeita vitória sobre si mesmo": aproximou-se e beijou o leproso (1Cel VII 17). O grau maior de sua humildade encontra-se na origem de seu processo de conversão, caminho de crescimento e amadurecimento espiritual. Passando a morar com os leprosos, ele lavava suas podridões, limpando as secreções purulentas das úlceras (1Cel VII 17,1). A humildade de Francisco se manifestava nos gestos, nas palavras e no cuidado com os outros e as criaturas.

A fonte da humildade do Pobre de Assis encontra-se no "conselho evangélico" (1Cel VII 17,9), portanto, nas próprias "*pegadas* da humildade *de Cristo*" (1Pd 2,21) (2Cel CIX 148,9; CA 18,5). Toda a ação dele para com os leprosos, os pobres e os irmãos, levado por um sentimento de compaixão e piedade, somente tinha sentido em sua vida "porque por causa da grande doçura e compaixão que a cada dia colhia da humildade e das pegadas do Filho de Deus, recebia e tinha como doce o que era amargo ao corpo" (CA 77,4).

Em Cristo, a humildade do Pobre de Assis está em seu modo de viver: segundo a vontade de Deus, e não a dele. Como escreve o Apóstolo Paulo aos Filipenses: "Sendo Ele de condição divina, não se prevaleceu de sua igualdade com Deus, mas aniquilou-se a si mesmo, assumindo a condição de escravo e assemelhando-se aos homens. E, sendo exteriormente reconhecido como homem, humilhou-se ainda mais, tornando-se obediente até a morte, e morte de cruz" (Fl 2,6-8).

Aqui se encontra o alto grau de humildade de Jesus, diferentemente do velho Adão que, não sendo de condição divina, queria obtê-la por meio de seu orgulho, desejando prevalecer sua igualdade ou superioridade com Deus. Cristo, ao contrário, com toda a condição divina, não se arrogou em querer prevalecer uma igualdade com Deus, mas, sim, assumir a condição humana, igualando-se aos seres humanos. Nele percebemos o mesmo gesto da Virgem Maria. Por isso ambos foram exaltados por Deus. O Filho ressuscitou dos mortos, foi coroado como Senhor e encontra-se à direita do Pai. A Virgem Maria foi assunta ao céu de corpo e alma, coroada pelo Pai como Rainha do céu e da terra. Tem sentido o que Jesus disse: "Porque todo aquele que se exaltar será humilhado, e todo aquele que se humilhar será exaltado" (Lc 14,11).

Para se eximirem do espírito de vanglória, orienta Paulo os Filipenses: "Nada façais por espírito de partido ou vanglória, mas que a humildade vos ensine a considerar os outros superiores a vós mesmos. Cada qual tenha em vista não seus próprios interesses, e sim os dos outros" (Fl 2,3-4). Ou como admoesta Paulo aos fiéis da comunidade de Tito: "Que sejam submissos aos magistrados e às autoridades, sejam obedientes, estejam prontos para qualquer obra boa, não falem mal dos outros, sejam pacíficos, afáveis e saibam dar provas de toda mansidão para com todos os homens" (Tt 3,1-2). Essa foi a mesma atitude de São Francisco em relação a Deus e aos outros: "E se o súdito vê coisas melhores e mais úteis a sua alma do que aquelas que o prelado lhe ordena, sacrifique voluntariamente suas [opiniões] a Deus; procure, porém, realizar em obras as que são do prelado. Pois, esta é a *obediência caritativa* (1Pd 1,22), por que satisfaz a Deus e ao próximo" (Ad III,5-6).

Com humildade, Francisco conformava-se, de maneira saudável, aos costumes de todos (1Cel XXIX 83,11). Ele gozava de paz porque vivia na humildade de coração; desprendia-se de tudo que o levasse ao pecado da vanglória; em tudo dava graças a Deus. Ele colocava em prática tudo o que ouvia da Palavra de Deus. O papa Francisco orienta-nos que, "na vida diária, humildade significa ser pequeno, como o rebento, pequeno que cresce todos os dias, pequeno que precisa do Espírito Santo para poder continuar rumo à plenitude da própria vida. Jesus era humilde, Deus era humilde. Deus é humilde porque teve e tem muita paciência conosco. E a humildade de Deus manifesta-se na humildade de Jesus. Mas é preciso esclarecer as ideias sobre o significado da palavra humildade: 'Alguns acreditam que ser humilde é ser educado, cortês, fechar os olhos na oração..., ter uma espécie de 'cara de santinho'. Mas não, ser humilde não é isto'" (L'Osservatore Romano, ed. em português, n. 50 de 14 de dezembro de 2017).

Segundo o papa Francisco, o único sinal da humilde é "aceitar as humilhações. Humildade sem humilhações não é humildade. Humilde é o homem, a mulher, que são capazes de suportar as humilhações como as suportou Jesus, o humilhado, o grande humilhado" (L'Osservatore Romano, n. 50, 14/122017). Em Francisco de Assis, "o frequente submeter-se tornou o corpo pronto a obedecer e, a partir do cotidiano, humilhar-se, ele aprendera a posição de tão grande virtude, porque muitas vezes o costume se converte em natureza" (1Cel IV 97,6).

São Francisco colocou a humildade "como fundamento da estrutura espiritual", pois não queria que sua vida avançasse "para a ruína" (2Cel CII 140,1). Assim a humildade o cumulara de "copiosa *fecundidade*" (Sb 64,12). Nela, Francisco "se esforçou por edificar a si mesmo, para que *à base estivesse o fundamento,* (Hb 6,1) que aprendera de Cristo" (2Cel CII 140,5). Portanto, "a humildade é guarda e beleza de todas as virtudes" (2Cel CII 140,1), quando afirma nas Admoestações: "*Ser fiel e prudente* (Mt 24,45) é aquele que, em todas as suas ofensas, não tarda em punir-se interiormente pela contrição e exteriormente pela confissão pela reparação da obra" (Ad XXIII,3).

Meditação Espiritual

"Por isso, na *Caridade que é Deus* (1Jo 4,16), suplico a todos os meus irmãos que pregam, que rezam e que trabalham, tanto os clérigos quanto os leigos, que se esforcem por humilhar-se em tudo e por não se gloriar nem se regozijar consigo mesmos nem se exaltar interiormente das boas palavras e obras, e menos ainda, por nenhum bem que Deus, muitas vezes, faz ou diz ou opera neles e por eles, segundo o que diz o Senhor: *não vos alegreis no entanto porque os espírito se vos submetem* (Lc 10,20) etc. E saibam firmemente que nada nos pertence, a não ser os vícios e pecados; mas antes devemos alegrar-nos quando formos submetidos a *diversas provações* (Tg 1,2) e quando suportarmos quaisquer angústias da alma e do corpo e tribulações neste mundo por causa da vida eterna. Portanto, acautelemo-nos, irmãos todos, da soberba e vanglória; guardemo-nos muito da sabedoria deste mundo e da prudência da carne. O Espírito do Senhor, porém, quer que a carne seja mortificada e desprezada, vil e abjeta. E procura a humildade, a paciência e a pura simplicidade e a verdadeira paz do espírito. E deseja, acima de tudo, o divino temor, a divina sabedoria e o divino amor do *Pai e do Filho do Espírito Santo*" (1Fr 41-47.51-53).

Textos Bíblicos sobre a Soberba

– "A soberba do homem o abaterá, mas a honra sustentará o humilde de espírito" (Pv 29,23).

– "No orgulho de seu coração você diz: 'sou um deus'; sento-me no trono de um deus, no coração dos mares'" (Ez 28,2). Portanto, o soberbo acha-se superior, autossuficiente, a todas as coisas e pessoas. Ele traz um deus dentro de si.

– "A soberba precede à ruína; e o orgulho, à queda" (Pv 16,18)

Textos Bíblicos sobre a Humildade

– "A humildade é guarda e beleza de todas as virtudes" (2Cel CII,140,1)

– "Que sejam submissos aos magistrados e às autoridades, sejam obedientes, estejam prontos para qualquer obra boa, não falem mal dos outros, sejam pacíficos, afáveis e saibam dar provas de toda mansidão para com todos os homens" (Tt 3,1-2).

– "Nada façais por espírito de partido ou vanglória, mas que a humildade vos ensine a considerar os outros superiores a vós mesmos. Cada qual tenha em vista não seus próprios interesses, e sim os dos outros" (Fl 2,3-4).

Questões Reflexivas

1. Em algum momento deixe-me ser possuído pela soberba e vanglória?
2. Tenho convicção de que nada me pertence, senão meus vícios e pecados?
3. Minhas ações revelam um espírito de vanglória, visando a meus próprios interesses?
4. Como meu coração goza de paz e alegria espiritual, fazendo a vontade de Deus?
5. Vivo segundo o Espírito do Senhor, exercitando-me para a humildade e a pureza de coração?
6. De que forma me exercito para a prática da humildade, em meu cotidiano?

Oração

"Livrai-me, Senhor, de toda a soberba, e dai-me o espírito de humildade, a fim de que eu possa reconhecer-te como Senhor de minha vida, e que, sem ti, não sou nada. Que eu possa gloriar-me na Cruz de Jesus Cristo e, nele, alcançar a alegria espiritual. Obrigado, Senhor! Amém!"

São Francisco e o Pecado da Avareza

"Guardai-vos escrupulosamente de toda a avareza"
(Lc 12,15)

No vocabulário franciscano, a avareza é também conhecida como ambição. Como Francisco lidava com a avareza e aconselhava os confrades a se livrarem dela?

A senha que Francisco se utilizava para vencer a avareza era viver, radicalmente, a "santa pobreza", mas com alegria, pois ela "confunde a ganância e a avareza e os cuidados deste mundo" (SV 11). E, desde sua conversão, abraçará a irmã pobreza com "santa humildade" porque ela também confunde a soberba. Como descreve seu biógrafo, Tomás de Celano, que, mesmo seu pai sendo avarento e ávido por dinheiro e riquezas, Francisco não herdou tal pecado, pois enquanto ele tentava arrancar do filho o dinheiro, este "desejava oferecê-lo e gastá-lo todo em alimento dos pobres e na restauração daquele lugar" (1Cel VI 14,2). Mesmo antes de deixar a casa paterna, Francisco não "amava o dinheiro" nem lhe tinha "afeto", como também "não se perturbava em nada por perdê-lo". Em contraste ao pai, Francisco era um "grande desprezador dos bens terrenos e ávido procurador das riquezas celestes" (1Cel VI 14,2-4).

Fato que marcou a ruptura do jovem Francisco com o pai aconteceu na praça da Igreja, quando o pai o levara à presença do bispo da cidade, a fim de que lhe devolvesse os bens e o dinheiro. Cena que ficará no imaginário dos citadinos assisenses e pintado em tela pelo famoso pintor gótico italiano Giotto (1267-1337). O quadro chama-se "Renúncia dos Bens Materiais". Em plena praça da Catedral, Francisco, sem proferir palavras, "tendo deposto e atirado todas as vestes, restitui-as ao pai. Além disso, sem reter sequer os calções, desnuda-se totalmente diante de todos" (1Cel VI 15,1-2). Repentinamente, percebendo a coragem, o fervor e a firmeza do jovem, a autoridade eclesiástica "levantou-se e acolhendo-o entre seus braços, cobriu-o com o manto com que estava vestido" (1Cel VI 15,3). O jovem, desprezando "todas *as coisas que são do mundo*" (1Cor 7,33), irá viver "tão somente da justiça divina" (1Cel VI 15,6).

A cena acima nos impressiona em duas vertentes. Em uma primeira, Francisco, jovem sonhador, desnuda-se das vestes mundanas para se refugiar em Cristo pobre e humilde e ser acolhido pelo Bispo que, por sua vez, e aqui temos a segunda vertente, representando a Igreja de seu tempo, desnuda-se também de sua suntuosidade, riqueza e seu poder temporal, para vestir o pobre. O jovem leva a Igreja a fazer também o retorno ao Evangelho e ver a realidade dos pobres.

Nas Admoestações, Francisco lembrará aos frades que "onde há pobreza com alegria, aí não há nem ganância nem avareza" (Ad XXVII, 3). Não qualquer pobreza, mas uma assumida livre e alegremente. Essa deve ser nossa opção pelo voto de *Pobreza*: abraçada com liberdade e alegria; do contrário, será por conveniência, tristeza, constrangimento e interesses. A verdadeira Pobreza é consagrada com alegria na alma. Vivendo-a na alma, não há como vivê-la no espírito da carne, que é a avareza. Francisco cita o evangelista Lucas, referindo-se à chamada de atenção de Jesus a seus discípulos: "*Cuidado! Guardai-vos de toda malícia e avareza*" (Lc 12,15). Viver com esse vício implica em deixar-se levar pela "solicitude deste mundo" e pelas "*preocupações desta vida*" (Lc 21,34) (RnB VIII,1).

A devolução dos bens materiais de Francisco ao pai torna-se um elemento emblemático no processo de sua conversão, pois revela não apenas uma ruptura com seu pai Bernardoni, homem rico mercador de tecido francês, como também um sinal de sua renúncia aos bens materiais e às seduções mundanas. Com esse gesto, Francisco assume um novo modo existencial: viver a radicalidade da pobreza com alegria. Sua nudez é um grito de liberdade à avareza, ao desejo de acúmulo de riquezas, ao poder econômico. Ele, agora, tem como Pai tão somente Deus. Disse Jó em seu estado de pobreza material: "Nu saí do ventre de minha mãe, nu voltarei para lá. O Senhor deu, o Senhor tirou: bendito seja o nome do Senhor!" (Jo 1,21).

Há outro gesto muito simbólico, por parte do Bispo de Assis, ao cobrir Francisco com o manto com que estava vestido. Poderia passar despercebida uma interpretação teológica, mas que eu faço questão de inseri-la aqui.

O que significa, nas Sagradas Escrituras, vestir o outro com o manto ou a túnica?

No profeta Isaías, encontramos uma citação em que Deus destitui o oficial Sobna, "prefeito do palácio", de todos os poderes, devido a suas más pretensões, e transferiu-os a um de seus servos israelitas. As insígnias são: a túnica, o cíngulo, as chaves da casa de Davi e os poderes em suas mãos (Is 22,15-23). Há uma passagem, no Primeiro Livro de Reis, em que Elias aproximou-se de Eliseu e "jogou seu manto sobre ele" (1Rs 19,19s). Aqui o manto indica o *carisma* de quem o usa e dele procedem as *virtudes* e os *valores* que devem ser compartilhados por pessoas chamadas ao serviço profético, como foi o caso de Eliseu.

Dom Antônio de Assis Ribeiro escreveu um artigo em que discorre a respeito do significado do manto. Segundo ele, o manto significa "Personalidade, um conjunto de valores, caráter virtuoso, boa moralidade, nobreza, dignidade, espiritualidade, carisma, consciência ética, compromisso de serviço, promoção da justiça... O que mais nos enobrece não é a beleza física, mas são as virtudes que qualificam comportamento. A pessoa mais bonita é aquela portadora de mais virtudes!" (CNBB, 13/10/2021).

Na parábola do Filho Pródigo, o pai acolhe o filho que, após esbanjar toda a herança, retornou à casa paterna de forma desumana. O sentimento do pai foi que, ao ver a situação miserável do filho, comoveu-se de compaixão. "Correu-lhe ao encontro, abraçou-o e o beijou". Depois, com o coração de alegria pelo retorno do filho, disse aos servos: "Trazei depressa a melhor túnica e revesti-o com ela; ponde-lhe um anel no dedo e sandálias nos pés. Trazei também um novilho gordo e matai-o; comamos e façamos uma festa" (Lc 15,11-32).

Esse texto do Evangelista Lucas tenho sempre refletido e, cada vez que o leio, retiro coisas novas. Primeiro, o reencontro do pai com o filho está carregado de confissões, por parte do filho, e de acolhimento, por parte do pai, que o cobre de abraços e beijos. Que pintura magnifica! Em seguida, o pai solicita que os servos tragam, o mais rápido possível, a túnica para que o filho seja revestido. Ou seja, ele havia perdido a dignidade de filho e, ao retornar arrependido, foi revestido da mesma dignidade, do mesmo grau de procedência. Terceiro, o filho recebe o anel, sinal de que a quebra da aliança fora restabelecida com a casa paterna; a reconciliação estava reconstruída entre pai e filho. Quarto, as sandálias nos pés significavam que o filho não era um escravo, mas um membro natural da família, pois somente os escravos andavam descalços. Enfim, a festa do pai para compartilhar da alegria familiar com os amigos. Não há sinais de ressentimento no pai, como no filho mais velho que não aceitou nem acolheu o retorno do caçula.

Algumas vezes, o cíngulo é visto como as cordas que foram atadas em Jesus, no Horto. Mas também o padre o envolve em torno da túnica, rezando essas palavras: "Cingi-me, Senhor, com o cíngulo da pureza e extingui em meus rins o fogo da paixão, para que permaneça em mim a virtude da continência e da castidade". Muito significativas essas palavras, pois o padre, com essa atitude, renova o compromisso de permanecer fiel ao consentimento manifestado à Igreja, no dia de sua ordenação presbiteral. O que não deixa de ter o mesmo sentido no cíngulo que nós, frades, trazemos em torno de nossos hábitos marrons. Ali, nossos rins são cingidos por três *nós*, simbolizando os votos de Pobreza, Castidade e Obediência.

No Evangelho de Lucas, afirma Jesus: "Estejam cingidos vossos rins e acesas vossas lâmpadas" (Lc 12,35). O que isso significa? – Significa permanecer em estado de prontidão, vigilantes para não cair em sonolência, em despreocupação ou laxismo para com as coisas essenciais à vida. Na cultura judaica, no Antigo Testamento, "cingir os rins" demonstrava que a pessoa estava se preparando para alguma atividade física, como faziam os agricultores ao amarrarem, em torno de si, uma bolsa a tiracolo ou pochete, onde deitavam as sementes para as lançarem ao chão (Lc 8).

O profeta Isaías utiliza "cingir os rins" no sentido metafórico: "A justiça será como o cinto de seus rins, e a lealdade circundará seus flancos" (Is 11,5). O israelita deveria viver segundo a vontade de Deus, na lealdade e fidelidade. No sentido aplicado aos pecados capitais, implica dizer que devemos estar sempre cingidos do cíngulo da liberdade do Evangelho, enfrentando os desafios para nos livrar dos pecados da soberba, avareza, inveja, ira, luxúria, gula, preguiça e tristeza.

As chaves da casa de Davi. Significa que a ele foi dada obrigação de cuidar das coisas da casa e do Povo de Deus. Elas representam a autoridade que Deus lhes deu para bem governar o povo. "Porei sobre seus ombros a chave da casa de Davi; se ele abrir, ninguém fechará, se fechar, ninguém abrirá" (Is 22,22). Pedro também recebeu as chaves de Jesus Cristo: "Eu te darei as chaves do Reino dos Céus: tudo o que ligares na terra será ligado nos céus, e tudo o que desligares na terra será desligado nos céus" (Mt 16,19).

Importante as simbologias. No primeiro caso, a Casa de Davi: "porei sobre seus ombros". Imaginemos o peso das chaves que fechavam os enormes portões que protegiam a cidade dos perigos de assaltantes e guerras! Depois, Pedro recebe "as chaves do Reino dos céus". Simboliza a autoridade de Pedro sobre os demais irmãos e a responsabilidade para o serviço na Igreja de Jesus, como os Bispos e presbíteros, hoje. Com efeito, a responsabilidade é pesada e requer bastante autoridade para governar o Povo de Deus.

Até pouco tempo, nos conventos, a chave da dispensa quem guardava era o guardião, pois somente ele poderia abrir e distribuir os alimentos ao cozinheiro, uma forma de responsabilidade e cuidado com os bens a ele confiado para guardar e vigiar.

Retornando à questão do pecado da avareza.

O apego excessivo aos bens materiais enfraquece a capacidade espiritual da pessoa, mesmo preste a morrer. Lembro-me de que, certa vez, fui chamado para visitar um senhor moribundo, que viria no fundo de uma rede, porém seus familiares se queixavam de seu modo de proceder: xingava, gritava com os filhos e a mulher, exigia que lhe trouxessem os valores econômicos do comércio e de sua aposentadoria. Durante a conversa, percebi nele uma expressiva revolta consigo mesmo devido àquele estado doentio. Tentei levá-lo a aceitar o momento e agradecer Deus por tudo que lhe concedera enquanto estava com plena forças e energia para os trabalhos. Senti que, em instante algum, ele relaxou.

Ao sair do quarto, o filho contou-me que ele estava tão apegado aos bens que pedia que lhe trouxesse todo o dinheiro para conferir. Chorava por não poder se levantar e ver os bens. Lembrei-me da parábola do homem rico quando alguém da multidão pediu a Jesus: "Mestre, dize a meu irmão que reparta comigo a herança". Jesus respondeu-lhe: "Meu amigo, quem me constituiu juiz ou árbitro entre vós?"E disse então ao povo: "Guardai-vos escrupulosamente de toda a avareza, porque a vida de um homem, ainda que ele esteja na abundância, não depende de suas riquezas" (Lc 12,13-15).

Com efeito, há tantas outras coisas de que depende nossa vida: a família, os amigos, a espiritualidade, o status, o trabalho etc. O conteúdo da parábola do homem rico encontra-se no item *para meditar.*

Contraponto à Avareza: Generosidade

"A alma generosa será cumulada de bens;
e o que largamente dá, largamente receberá"
(Pv 11,25)

A generosidade é um desejo de quem, espontaneamente, quer doar algo seu que falta a alguém. Esse desejo deve ser desinteressado; não deve estar associado a um desejo de recompensa. A razão objetiva racionaliza: 'dê-lhe porque há uma falta'; e o coração, sensibilizado, aconselha: 'dê com alegria'. O generoso dá porque deseja dar do que é seu ao outro, não precisa ser por amar; não há uma lei que o obrigue distribuir o que é seu a outrem, mas porque ele tem a consciência moral de dar do que é seu a quem lhe falta alguma coisa. A pessoa generosa liga-se ao outro por um sentimento de sensibilidade e solidariedade. É uma virtude.

Há uma ética religiosa que nos propõe seguir o mandamento do amor e as obras de misericórdia, como indica Jesus Cristo sobre o juízo final: "Então, o Rei dirá aos que estão à direita: 'Vinde, benditos de meu Pai, tomai posse no Reino que vos está preparado desde a criação do mundo, porque tive fome e me destes de comer; tive sede e me destes de beber; era peregrino e me acolhestes; nu e me vestistes; enfermo de me visitastes; estava na prisão e viestes a mim" (Mt 25,34-36). Jesus exige que tudo que se faça ao outro, faça-se por amor, sem esperar nada em troca; ou seja, como ato de doação total.

O amor manifesta-se no saber cuidar. A liberalidade implica agir de forma generosa e bondosa para com os outros. O Apóstolo Paulo aconselha os Coríntios: "Vista vossa comprovada virtude exercida nesse serviço, eles darão Glória a Deus pela obediência que professais em relação ao evangelho de Cristo, e pela generosidade com que a eles e a todos fazeis participar de vossos bens" (2Cor 9,13). Essas palavras de gratidão, Paulo manifesta dentro do contexto de uma coleta que os irmãos de Coríntios fizeram aos irmãos de Jerusalém. De forma plástica, ele escreve sobre a "generosidade prometida", cujo gesto "será verdadeiramente uma liberalidade, e não uma mesquinhez" (2Cor 9,5).

Lembra Paulo: "Aquele que semeia pouco, pouco ceifará. Aquele que semeia com largueza, com largueza também colherá. Dê cada um conforme o impulso de seu coração, sem tristeza nem constrangimento. Deus ama o que dá com Alegria" (2Cor 9,6-7). Francisco trazia uma atitude de benevolência com o *outro-diferente*. É uma virtude de quem pratica afeto, amizade, benignidade, ternura, compaixão, amor, tolerância, condescendência, bondade, gentileza. Francisco foi totalmente benévolo, terno, afetuoso, bondoso, amoroso, cortês, generoso, solidário, gentil, amigo de todos e de tudo. Dizia Francisco que se sentia feliz entre os leprosos e pobres.

Narra Celano que Deus incutiu no coração de Francisco "um sentimento de piedade que o tomava generoso com os pobres. Este sentimento foi crescendo em seu coração e impregnou-o de tanta bondade que ele decidiu, como ouvinte atento que era do Evangelho, ser generoso com quem lhe pedisse esmola, sobretudo a quem pedisse por amor de Deus. No entanto, um dia, estando muito ocupado em negócios, despediu de mãos vazias um pobre que lhe pedia uma esmola por amor de Deus. Caindo em si, correu atrás do homem, deu-lhe uma rica esmola e prometeu ao Senhor nunca mais recusar, sendo-lhe possível, o que quer que lhe pedissem por amor de Deus" (1Cel I 1).

Meditação Espiritual

Parábola de Jesus sobre o homem rico

"Havia um homem rico cujos campos produziam muito. E ele refletia consigo: Que farei? Porque não tenho onde recolher minha colheita. Disse então ele: Farei o seguinte: derrubarei meus celeiros e construirei maiores; neles recolherei toda a minha colheita e meus bens. E direi à minha alma: ó minha alma, tens muitos bens em depósito para muitíssimos anos; descansa, come, bebe e regala-te. Deus, porém, lhe disse: Insensato! Nessa noite ainda exigirão de ti tua alma. E as coisas, que ajuntaste, de quem serão? Assim acontece ao homem que entesoura para si mesmo e não é rico para Deus" (Lc 12,16-21).

Escritos de São Francisco, segundo São Boaventura

"Deus de fato infundira no coração do jovem Francisco, juntamente com uma afetuosidade notável, uma generosidade e compaixão extraordinárias pelos pobres. Esse sentimento foi crescendo em seu coração de filho a tal ponto de ele decidir dar o que tivesse a quem quer que lhe pedisse por amor Deus, pois não era um ouvinte surdo do Evangelho. Ainda na flor da idade, resolveu e prometeu ao Senhor jamais negar, sendo-lhe possível, o que lhe pedissem por amor de Deus. Nobre promessa que ele sempre observou sem quebra até o fim da vida, valendo-lhe essa fidelidade sempre maiores graças e um maior amor a Deus. Havia, pois, no fundo de seu coração, uma pequena chama de amor divino que ele alimentava continuamente. O jovem, porém, ainda desconhecia os segredos que o céu lhe haveria de revelar, mergulhado como vivia nas coisas deste mundo com todas as suas ambições, quando a mão do Senhor pesou sobre ele: uma grave doença e longa fraqueza o prostraram fisicamente numa provação que fez sua alma abrir-se à invasão e à iluminação do Espírito Santo" (Lm I,2).

Textos bíblicos sobre Avareza

– "O avarento põe sua família em apuros, mas quem repudia o suborno vivera" (Pv 15,27).

– "Guardai-vos escrupulosamente de toda a avareza, porque a vida de um homem, ainda que ele esteja na abundância, não depende de suas riquezas" (Lc 12,13-15).

– "Porque o amor ao dinheiro é a raiz de toda a espécie de males; e nessa cobiça alguns se desviaram da fé, e se traspassaram a si mesmos com muitas dores" (1Tm 6,10).

Textos bíblicos sobre Generosidade

– "A alma generosa será cumulada de bens; e o que largamente dá, largamente receberá" (Pv 11,25).

– "Quem é generoso será abençoado, pois reparte seu pão com o pobre" (Pv 22,9).

– "Lembrem-se: aquele que semeia pouco também colherá pouco, e aquele que semeia com fartura também colherá fartamente. Cada um dê conforme determinou em seu coração, não com pesar ou por obrigação, pois Deus ama quem dá com alegria" (2Cor 9,6-7).

Questões Reflexivas

1. Sou escrupulosamente avarento?
2. Como manter-me generoso (a), mesmo sendo possuidor de bens materiais?
3. Quero ser rico para Deus?
4. Tenho generosidade e compaixão pelos pobres?
5. Como minha alma pode abrir-se à invasão e à iluminação do Espírito Santo?
6. Devolvo o Dízimo à Igreja com o coração constrangido, com pesar e com tristeza?

Oração

"Senhor, afastai de mim toda a avareza e todo o amor ao dinheiro. Dai-me um coração generoso e bondoso, para que eu possa partilhar os bens que me deste com os mais necessitados de ajuda espiritual ou material. Que minha alma, a exemplo de São Francisco, abra-se à invasão e iluminação do Espírito Santo. Amém!" (Do autor).

São Francisco e o Pecado da Inveja

"Acautelai-vos de toda soberba, vanglória, inveja, avareza" *(Lc 12,15)*

A orientação que Francisco dá-nos é: "Todo aquele que inveja seu irmão, por causa do bem que o Senhor diz e faz nele, pertence ao pecado de blasfêmia, porque inveja o próprio Altíssimo (Mt 20,15) que diz e faz todo o bem" (Ad VIII,3). Depois, ele admoesta que "Os ministros devem ser servos de todos os irmãos" e que devem se acautelar *"de toda soberba, vanglória, inveja, avareza* (Lc 12,15), cuidado e *solicitude* deste *mundo* (Mt 13,22), detração e murmuração... (RB X,7-8). Nesse capítulo da Regra Bulada, o Seráfico Pai aponta três dos pecados capitais - soberba, inveja e avareza - dos quais os irmãos devem se acautelar.

Chama-nos a atenção a forma pela qual Francisco admoesta os irmãos para que não cometam o pecado da inveja, porque inveja o próprio Deus, pois dele é que parte todo o bem que se realiza em seu *dizer* e *fazer*. Assim, os dons e carismas que cada um recebe não devem ser invejados pelos irmãos, pois não são propriedade daqueles que deles se utilizam, mas do próprio Altíssimo, origem de tudo.

Os conselhos do fundador da nova Ordem era: "Nenhuma *inveja*, nenhuma malícia, nenhum rancor, nenhuma discussão áspera, nenhuma suspeição, nenhuma amargura tinha neles lugar, mas neles havia muita concórdia, tranquilidade, continua, *ação de graças e canto de louvor*" (1Cel XV 41,5; grifo nosso). Contudo, Francisco "formava os novos filhos", não tanto "*pela palavra e pela língua, mas mormente em obra e verdade*" (RB 41,6; grifo da obra).

Há um evento que faz sentido quando associado ao Seráfico de Assis. Conta-se que o santo alimentava diariamente um casal de pintarroxos que vinha buscar as migalhas que caiam para seus filhotes. Francisco alegra-se com os pássaros: "acaricia-os, como de costume, e deliberadamente, oferece-lhes alimento" (2Cel XVIII 47). Os filhotes, já familiarizados com os frades, tomavam a refeição ao mesmo tempo com os irmãos. Com isso, cresceu nos frades um sentimento de afetividade àquelas aves. Entretanto, Francisco percebera que "a avareza rompe a concórdia, quando a altivez do maior persegue os menores. Pois saturado à vontade, o maior repele os outros do alimento" (2Cel XVIII 47,10). Francisco observava tal artimanha do maior contra os pequenos e falou aos irmãos: "Vede o que faz esse avarento; ele, cheio e saturado, inveja os irmãos famintos. Ainda será morto por morte má" (2Cel XVIII 47,12).

Celano encerra dizendo que "o castigo segue imediatamente a palavra do santo. O perturbador sobe sobre a vasilha de água dos irmãos para beber e de repente morre afogado na água, e não se encontra gato nem animal que ousasse comer o passarinho anatematizado pelo santo" (2Cel XVIII 47,15).

Fico a pensar em nossa maneira de nos relacionarmos com os outros: quantas vezes não nos tornamos como esse pássaro maior: rompendo a concórdia, não favorecendo espaços, para que os outros se desabrochem por meio de seus talentos, dons e carismas! Nossa inveja expurga-os para longe da convivência, do trabalho, do companheirismo. Com efeito, sentindo-nos maiores em conhecimento, em prestígio, em dons, passamos a repeli-los sem piedade. Esse é o pecado maior da soberba, da avareza e da inveja. Escuto Francisco falar a nossos ouvidos: "*O ciúme e a inveja* (1Mc 8,16) provam que sois degenerados, e a ambição de bens comprova não menos que sois filhos ilegítimos" (2Cel CIX 149,2).

Por inveja, Caim matou seu irmão Abel. A narrativa bíblica conta que a inveja se instalara no coração de Caim ao perceber a prosperidade do irmão. Ambos ofereceram seus dons ao Senhor. Duas atitudes, duas formas de oferendas, estão postas no altar. Caim ofereceu os "frutos da terra em oblação ao Senhor. Abel, de seu lado, ofereceu dos primogênitos de seu rebanho e das gorduras dele; e o Senhor olhou com agrado para Abel e para sua oblação, mas não olhou para Caim, nem para seus dons" (Gn 4,3-4). Ou seja, o olhar de Deus é sinal de agrado, de bênção, de prosperidade: "O Senhor, do alto do céu, olha os filhos dos homens, para ver se, acaso, existe alguém sensato que busque a Deus" (Sl 13,2). Assim, Deus olhou do céu e, vendo a sensatez da Virgem Maria, tomou-a como sua Amada.

Qual foi a reação de Caim? – "Ficou extremamente irritado com isso, e seu semblante tornou-se abatido" (Gn

4,5). O que a inveja não faz com os sentimentos e humor do ser humano?! Em vez de alegrar-se com o irmão, pelo contrário, abateu a alma de tristeza, cujo efeito foi tramar a desgraça do outro. Todo invejoso não se alegra com o sucesso dos outros.

Deus procurou Caim para orientá-lo: "Por que estás irado? E por que está abatido teu semblante? Se praticares o bem, sem dúvida alguma, poderás reabilitar-te. Mas se procederes mal, o pecado estará à tua porta, espreitando-te; mas tu deverás dominá-lo" (Gn 4,7). Deus conhece o coração do homem. Ele deixou-o livre para que aprendesse a discernir entre o bem e o mal. Diz Ele: "Ponho diante de ti a vida e a morte, a bênção e a maldição. Escolhe, pois, a vida, para que vivas com tua posteridade" (Dt 30,19).

Caim, ao contrário, escolheu a morte. Pois disse ele a seu irmão: "Vamos ao campo". Logo que chegaram ao campo, Caim atirou-se sobre seu irmão e o matou" (Gn 4,8). Deus ainda lhe tinha aconselhado: "Mas se procederes mal, o pecado estará à tua porta, espreitando-te; mas tu deverás dominá-lo" (Gn 4,7). Caim foi fraco diante do sentimento de inveja, pois não o soube dominá-lo. Daí cometeu um ato fratricida. Entre a vida e a morte, escolheu a morte, a maldição, pois Deus sentenciou: "Que fizeste! Eis que a voz do sangue de teu irmão clama por mim desde a terra. De ora em diante, serás maldito e expulso da terra, que abriu sua boca para beber de tua mão o sangue de teu irmão" (Gn 4,10-11). Há um adágio que sentencia: a inveja mata. Realmente.

Há uma única inveja que Francisco levava consigo: "Como tivesse banido de si *toda inveja* (1Pd 2,1), só não pôde ficar livre da inveja da pobreza. Se por acaso visse um mais pobre do que ele próprio, imediatamente sentia inveja e temia ser vencido pelo outro, ao concorrer com pobreza rival" (2Cel LI 83,6-7). Depois, Celano exemplifica tal atitude do Pobre de Assis, narrando: "*Aconteceu num dia* (Gn 39,11), quando *o homem de Deus* (1Sm 2,27) andava pregando por toda parte, que encontrou um pobrezinho no caminho. Ao ver a nudez dele, volta-se compungido ao companheiro, dizendo: "A miséria deste homem causa-nos grande vergonha e repreende muito nossa pobreza". Respondeu-lhe o companheiro: "Por que razão, irmão?" E o Santo, com voz de lamentação, respondeu: "Escolhi a pobreza como minha riqueza e como minha senhora, e eis que ela brilha mais neste homem. Acaso ignoras que soou por todo mundo que nós somos extremamente pobres por amor de Cristo? Mas este pobre prova que é de outra maneira!" – Ó inveja que nunca se vê! Ó competição a ser imitada pelos filhos! Pois esta não é aquela que se aflige com relação aos bens alheios; não é aquela que se obscurece com os raios do sol; não é aquela que se opõe à piedade; não é aquela que se revolve na lividez. Julgas que a pobreza evangélica não tem algo a ser invejado? Tem o Cristo, e por meio dele tem *tudo em todos*" (1Cor 12,6) (2Cel LI 84,1-7).

Contraponto à Inveja: Caridade

"Onde reina o amor, fraterno amor, Deus aí está"

Francisco de Assis era um homem cheio de caridade. Em uma ocasião, à meia noite, "Um dos irmãos gritou: "Estou morrendo! Estou morrendo!" E todos os irmãos, estupefatos e aterrorizados, despertaram. Levantando-se, o bem-aventurado Francisco disse: "Levantai-vos, irmãos, e acendei a luz". E, tendo-se acendido a luz, disse o bem-aventurado Francisco: "Quem é que disse: Estou morrendo?" E aquele irmão disse: "Sou eu". E disse-lhe o bem-aventurado Francisco: "O que tens, irmão? Como estás morrendo?" E ele respondeu: "Estou morrendo de fome". O bem-aventurado Francisco, como homem cheio de caridade discernimento, para que aquele irmão não se envergonhasse de comer só, imediatamente mandou que fosse posta a mesa, e comeram todos juntamente com ele. Pois aquele e outros se tinham convertido recentemente e afligiam seus corpos além da medida" (CA 50,2-10).

O texto anterior revela o sentimento caritativo de Francisco. Ele, diante da fome do irmão, quebrou o regime de abstinência e jejum e convidou todos os demais para compartilhar o alimento com aquele faminto. Sensibilidade é o primeiro passo para a prática do amor. Ele tinha consciência de que "Onde há *caridade* e sabedoria, aí não há *temor*" (Ad XXVII,1). Ele escreveu na Regra Bulada que os irmãos não se irassem ou se perturbassem com o pecado de alguém, pois "a ira e a perturbação impedem a caridade em si e nos outros" (RB VII,4). Outra orientação do Irmão de Assis era que os irmãos cuidassem das correções fraternas: "Os irmãos que são ministros e servos dos demais irmãos visitem e admoestem seus irmãos e corrijam-nos com humildade e caridade, não lhes ordenando nada que seja contra sua alma e nossa Regra" (RB X,2).

O Apóstolo Paulo faz um elogio à Caridade, colocando-a como a maior entre as outras duas virtudes teologais: a Fé e a Esperança. Descreve ele: "A Caridade é paciente, a Caridade é bondosa. Não tem inveja. A Caridade não é orgulhosa. Não é arrogante. Nem escandalosa. Não busca seus próprios interesses, não se irrita, não guarda rancor. Não se alegra com a injustiça, mas se rejubila com a verdade. Tudo desculpa, tudo crê, tudo espera, tudo suporta" (1Cor 13,4-7).

No Catecismo da Igreja Católica, a Caridade, como dom de Deus, é "a virtude teologal pela qual amamos a Deus sobre todas as coisas, por si mesmo, e a nosso próximo como a nós mesmos, por amor a Deus" (CIC n. 1822). Assegura que o protótipo do amor verdadeiramente encontra-se em Jesus Cristo. Ele, "amando os seus até o fim" (Jo 13,1), manifesta o amor que recebe do Pai" (CIC n. 1823). O Catecismo apresenta a *Caridade* como "a alma da santidade à qual todos são chamados: Ela "rege, informa e conduz ao fim todos os meios de santificação" (CIC n. 826). Enfim, o documento descreve os frutos da caridade: "a alegria, a paz e a misericórdia"; aponta sua exigência: "a beneficência e a correção fraterna"; guarda a "benevolência"; depois, "suscita a reciprocidade; é desinteressada e liberal; é amizade e comunhão" (CIC n. 1829).

Santa Teresinha escreveu: "A *Caridade* deu-me a chave de minha vocação" (HdA, 254, 2002, p. 213). Com essa chave, ela compreendeu que "a Igreja tinha coração, e que o coração era ardente de amor. Compreendi que só o *amor* fazia os membros da Igreja atuarem, e que se o *amor* se extinguisse, os Apóstolos já não anunciariam o Evangelho, e os Mártires se recusariam a derramar seu sangue..." (HdA, 254, p. 213). Enfim, ela diz que encontrou sua vocação: o *amor*. E esse *amor* é uma pessoa: Jesus Cristo.

O Pobre de Assis devotava toda a atenção às criaturas. A compaixão e o carinho dele para com os pobres estendem-se aos animais e às plantas. Por isso ele é considerado como irmão universal e patrono da ecologia, pois foi um amigo solidário dos menores de seu tempo. Narra Tomás de Celano que ele "tinha tanta caridade que seu coração se comovia não só com as pessoas que passavam necessidade, mas também com os animais, os répteis, os pássaros e as outras criaturas sensíveis e insensíveis" (1Cel XXVIII 77). Revela-se, assim, a mais autêntica virtude de Francisco, a qual se traduzia em humildade.

A Caridade de Francisco é expressão também da transparência diante do outro, como escreveu ele nas Admoestações: "Bem-aventurado o servo que tanto ama e respeita seu irmão quando [este] estiver longe dele como quando estiver com ele; e não disser por trás dele aquilo que, com Caridade, não pode dizer diante dele" (Ad XXV).

Meditação Espiritual

Palavras do Papa Francisco

"Que coisa feia a inveja! É uma atitude, um pecado feio. E no coração, o ciúme ou a inveja crescem como a erva daninha: cresce, mas não deixa a erva boa crescer. Tudo o que pensa que pode ofuscá-lo, faz-lhe mal. Não está em paz! É um coração atordoado, é um coração feio! Mas também o coração invejoso - ouvimos aqui - leva a matar, à morte. E a Escritura o diz claramente: por inveja do diabo, a morte entrou no mundo."

Pensamento de Santo Agostinho

"A inveja é um terrível mal da alma, vírus da mente e fulminante corrosivo do coração. É invejar os dons de Deus que o irmão possui, sentindo-se desafortunado por causa da fortuna dos outros, atormentando-se com o êxito dos demais (...), entregando o espírito e os sentidos à tortura da ansiedade; destroçando-se com a própria fúria."

Textos Bíblicos sobre a Inveja

- "Cada ano confiavam a autoridade suprema a um só homem, que comandava em todo o território e todos obedeciam a um só, sem haver ali entre eles nem inveja nem ciúme" (1Mc 8,16).

- "O sentimento sadio é vida para o corpo, mas a inveja é podridão para os ossos" (Pv 14,30).

- "*Acautelai-vos de toda soberba, vanglória, inveja, avareza*" (Lc 12,15).

Textos Bíblicos sobre a Caridade

- "Deus é amor, e quem permanece no amor, permanece em Deus e Deus nele" (1Jo 4,16).

- "A Caridade é paciente, a Caridade é bondosa. Não tem inveja. A Caridade não é orgulhosa. Não é arrogante. Nem escandalosa. Não busca seus próprios interesses, não se irrita, não guarda rancor. Não se alegra com a injustiça, mas se rejubila com a verdade. Tudo desculpa, tudo crê, tudo espera, tudo suporta" (1Cor 13,4-7).

- "Quem possuir bens deste mundo e vir seu irmão sofrer necessidade, mas lhe fechar seu coração, como pode estar nele o amor de Deus?" (1Jo 3,17).

Questões Reflexivas

1. Como eu tenho banido de minha vida a *inveja*?
2. Tendo conhecimento de que "a inveja é um terrível

mal da alma?" De que forma posso superar tal sentimento negativo?

3. Afirma São Francisco que "a ira e a perturbação impedem a caridade em si e nos outros". Diante dos erros dos outros, procuro usar da caridade que exige "a beneficência e a correção fraterna"?

4. São Paulo diz que "a caridade não tem inveja". O que fazer para arrancar esse vício de dentro de mim?

5. Como eu procuro cultivar os frutos da caridade: "a alegria, a paz e a misericórdia"?

6. Meditando com Santa Teresinha: eu já encontrei minha vocação, o *amor*?

Oração

"Senhor, Jesus Cristo, disseste: "*Acautelai-vos de toda soberba, vanglória, inveja, avareza*" (Lc 12,15). Expulsai esse mal de minha alma, a inveja, e fazei que meu coração se abra para a Caridade, ao amor fraterno! Amém!" (Do autor).

São Francisco e o Pecado da Ira

Livrar-se da ira e da perturbação

Francisco de Assis resguarda-se de irar-se contra os outros pela forma de viver ou cair em pecado. Assim queria que os frades também tivessem cuidado para não se irar com o pecado dos outros, admoestando-os: "E, se alguma pessoa pecar, seja qual for o modo, e por causa disto e não por caridade o servo de Deus se perturbar ou se irar, *entesoura para si* a culpa (Rm 2,5). Vive retamente sem nada próprio aquele servo de Deus que não se ira nem se perturba por qualquer coisa" (Ad XI,2-3). Segundo o santo de Deus, "Onde há paciência e humildade, aí não há nem ira nem perturbação" (Ad XXVII, 2).

Faz-se necessário refletir que a ira está sempre relacionada à perturbação. Com efeito, quando nos perturbamos com a vida do outro e censuramos sua conduta, acabamos caindo na ira, na raiva, devido a seu modo de ser e viver. Por isso São Francisco alertava os frades: "Cuidem todos os irmãos, tanto os ministros como os demais, para não se perturbarem ou se irarem por causa do pecado ou do mau exemplo do outro, porque o demônio quer corromper a muitos por causa do pecado de um só; mas ajudem espiritualmente, como melhor puderem, aquele que pecou, pois *não são os sãos que precisam de médico, mas os enfermos* (Mt 9,12; Mc 2,17).

Na Regra Bulada, Francisco também admoesta: "E devem cautelar-se [Os ministros] para não se irar ou se perturbar por causa do pecado de alguém, porque a ira e a perturbação impedem a caridade em si e nos outros" (RB VII, 4). Ou como orienta São Paulo aos Coríntios: "A Caridade não se irrita, não guarda rancor... Tudo desculpa, tudo crê, tudo espera, tudo suporta" (1Cor 13,4-7). Ele, ao escrever aos Efésios, aconselha-os: "Exorto-vos, pois – prisioneiro que sou pela causa do senhor -, que leveis uma vida digna da vocação à qual fostes chamados, com toda a humildade e amabilidade, com grandeza de alma, suportando-vos mutuamente com Caridade. Sede solícitos em conservar a unidade do Espírito no vínculo da paz" (Ef 4,1-3).

Por que nos iramos e nos perturbamos com os pecados, as limitações, as grandezas e os sucessos dos outros?

A ira é um vício que maltrata a alma. A pessoa irada comete loucura (Pv 14,17). O Eclesiastes alerta: "Não cedas prontamente ao espírito de irritação, porque é no coração do insensato que reside a irritação" (Ecl 7,9). O espírito de irritação pode levar a violência contra o outro. Jesus disse: "Todo aquele que se irar contra seu irmão será castigado pelos juízes. Aquele que disser a seu irmão: *imbecil,* será castigado pelo Grande Conselho. Aquele que lhe disser: Louco, será condenado ao fogo da geena" (Mt 5,22).

A ira é um contratestemunho na comunidade. São Paulo orienta os irmãos e as irmãs da comunidade de

Éfeso, para que se revistam "Do homem novo, criado a imagem de Deus, em verdadeira justiça e santidade" (Ef 4,24). Daí ele apresenta uma lista de vícios que devem ser evitados: "Renunciai a mentira; mesmo na cólera, não pequeis; não se ponha o sol sobre vosso ressentimento; nenhuma palavra má saia de vossa boca; toda amargura, ira, indignação, gritaria e calúnia sejam desterradas do meio de vós, bem como toda a malícia" (Ef 4,25-20.31).

Com isso, a comunidade estará unida a Cristo e, despojada do "homem velho", comportar-se-ão como verdadeiros imitadores de Cristo, sendo "bondosos e compassivos", uns com os outros, e os perdoando mutuamente (Ef 4,32). Enquanto, São Francisco pede que os irmãos usem de misericórdia com o irmão que peca. Isso orienta o Apóstolo Paulo: "Aquele que exerce a misericórdia, que o faça com afabilidade" (Rm 12,8).

Contraponto à Ira: Paciência

"Onde há paciência e humildade, aí não há nem ira nem perturbação" *(Ad XXVII, 2)*

A paciência é um atributo de Deus. Deus é *Amor*. E por ser *Amor*, Ele é paciente e benigno. O salmista descreve alguns atributos de Deus: "Mas vós, Senhor, sois um Deus bondoso e compassivo; lento para a ira, cheio de clemência e fidelidade" (Sl 85,15). Esse salmo retrata o penitente dirigindo uma súplica a Deus diante de suas tribulações. Nela, ele manifesta uma confiança inabalável em Deus: "Inclina, Senhor, vossos ouvidos e atendei-me porque sou pobre e miserável (...). Tende compaixão de mim, Senhor, pois a vós eu clamo sem cessar" (Sl 85,1-2).

O miserável clama a Deus, esperando receber alívio em um dia de tormentos e sofrimentos: "Neste dia de angústia é para vós que eu clamo, porque vós me atendereis" (Sl 85,7). O penitente não se desespera, mas reconhece as qualidades de um Deus libertador e salvador: "Porquanto vós sois, Senhor, clemente e bom, cheio de misericórdia para quantos vos invocam" (Sl 85,5).

Essa deve ser a atitude de quem está sofrendo na alma: ter paciência e confiar em Deus. Lançar toda a sua esperança naquele que é clemente, bondoso, misericordioso, compassivo e cheio de fidelidade. Deus é fiel para com seus filhos e suas filhas; Ele não os abandona. É fundamental não se perturbar nem se irar contra Ele e os outros nos instantes de tribulações espirituais e necessidades materiais.

Precisamos confiar em Deus em qualquer circunstância, mesmo na adversidade. Uma oração de Santa Teresa de Jesus exprime essa realidade: "Nada te perturbe/ Nada te assuste. Tudo passa/Deus não muda. A paciência tudo alcança/Quem a Deus tem. Nada lhe falta/Só Deus basta" (CIC n. 227).

A Santa reconhece que na vida tudo passa, somente Deus permanece, por isso apenas Ele nos basta. Merece reconhecermos que a paciência é um dos "*frutos* do Espírito". E os "*frutos* são perfeições que o Espírito Santo modela em nós como primícias da glória eterna" (CIC n. 1832). Como também - "suportar com paciência" - é uma das obras de misericórdia espiritual (CIC n. 2447). Santa Teresa compreendeu essa realidade, pois tinha convicção de que Deus "usa de paciência, porque não quer que ninguém se perca" (2Pd 3,9). E pede São Paulo que sejamos "alegres na esperança, pacientes na tribulação e perseverantes na oração" (Rm 12,12).

Jesus Cristo, para revelar a paciência do Pai, contou uma parábola a seus discípulos: "Um homem havia plantado uma figueira em sua vinha. Veio a ela buscar frutos, mas não encontrou. Então disse ao viticultor: faz três anos que venho buscar frutos nesta figueira e não encontro. Corta-a; para que ainda ocupa inutilmente o terreno? Mas o viticultor respondeu: 'Senhor, deixa-a ainda este ano; eu lhe cavarei em redor e colocarei adubo. Talvez depois disso dê frutos. Caso contrário, manda cortá-la'" (Lc 13,6-9).

Com essa parábola, Jesus mostra o quanto Deus é paciente conosco! Nós somos as figueiras de sua vinha, a igreja, a comunidade de fé, o grupo de oração, onde precisamos produzir frutos, mas, por causa de nossos pecados, de nossas atitudes farisaicas e mesquinhas, de nossos comportamentos imorais, nossa apatia paralisante e a indiferença, terminamos como a figueira sem frutos, a um estado de secura espiritual. Porém Deus espera que, fazendo a experiência com seu Filho, por meio de suas palavras santas, da comunhão de seu corpo e sangue, possamos dar abundantes frutos espirituais.

São Francisco era um homem muito sensível diante do pecado do irmão. Não se irritava nem se perturbava com os erros ou pecados dos outros, pois, primeiramente, olhava para si mesmo, reconhecendo como o maior pecador do mundo. Ele tinha consciência de que "nada nos pertence, a não ser os vícios e pecados" (RnB XVII,7). Por isso aconselhava os irmãos: "E devem acautelar-se para não se irar ou se perturbar por causa do pecado de alguém, porque a ira e a perturbação impedem a caridade em si e nos outros" (RB VII, 4).

Ele ensinava que os irmãos fossem caridosos consigo e com os outros, como Deus é caridoso conosco. Francisco quer irmãos que desejem possuir "O Espírito Santo e seu santo modo de operar, rezar sempre a ele com o coração puro ter humildade e paciência na perseguição e na enfermidade amar aqueles que nos perseguem, repreendem e censuram, porque diz o Senhor: *Amai vossos inimigos e rezai por aqueles que vos perseguem e caluniam* (Mt 5,44). *Bem-aventurados os que sofrem perseguição por causa da justiça, porque deles é o Reino dos céus* (Mt 5,10). *Aquele, porém, que perseverar até o fim, este será salvo"* (Mt 10,22).

E, em suas Admoestações, aconselha-nos: *"Bem-aventurados pacíficos, porque serão chamados filhos de Deus* (Mt 5,9). O servo de Deus não pode saber quanta paciência e humildade tem em si, enquanto está satisfeito consigo [mesmo]. Mas, quando chegar o tempo em que os que deveriam satisfazê-lo lhe fazem o contrário, quanta paciência e humildade tiver nesse momento, tanta tem e não mais" (Ad XIII, 1-3).

Meditação Espiritual

"E cuidem todos os irmãos para não se caluniarem nem *porfiarem com palavras* (2Tm 2,14); muito pelo contrário, esforcem-se por manter o silêncio, sempre que Deus lhes conceder a graça. Nem briguem entre si nem com os outros, mas procurem responder humildemente, dizendo: *sou servo inútil* (Lc 17,10). E não se irem, *porque todo aquele que se irar contra seu irmão será réu de juízo; quem chamar a seu irmão de imbecil será réu do conselho; quem o chamar de louco será réu do fogo da geena* (Mt 5,22). E amem-se uns aos outros, como diz o Senhor: *Este é meu mandamento, que vos ameis uns aos outros, como eu vos amei* (Jo 15,12). E *mostrem por obras* (Tg 2,18) o amor que têm uns aos outros, como diz o apóstolo: *não amemos por palavra nem com a língua, mas por obra e em verdade* (1Jo 3,18). E *não blasfemem contra ninguém* (Tt 3,2); não murmurem, não difamem os outros, porque foi escrito: *os murmuradores e difamadores são odiáveis aos olhos de Deus* (Rm 1,29.30). E sejam modestos, *mostrando toda a mansidão para com todos os homens* (Tt 3,2); não julguem, não condenem. E, como diz o Senhor, não considerem os mínimos pecados dos outros (Mt 7,3; Lc 6,41), meditem muito mais sobre os próprios *na amargura de sua alma* (Is 38,15). E esforcem-se *por entrar pela porta estreita* (Lc 13,24), porque diz o Senhor: *Estreita é a porta e apertado o caminho que conduz à vida; e poucos são os que o encontram* (Mt 7,14)" (RnB XI, 1-13).

Textos Bíblicos sobre a Ira

- "Deixa a ira, e abandona o furor; não te indignes de forma alguma para fazer o mal" (Sl 37,8).
- "Não cedas prontamente ao espírito de irritação, porque é no coração do insensato que reside a irritação" (Ecl 7,9).
- "Todo aquele que se irar contra seu irmão será castigado pelos juízes. Aquele que disser a seu irmão: *imbecil,* será castigado pelo Grande Conselho. Aquele que lhe disser: Louco, será condenado ao fogo da geena" (Mt 5,22).

Textos Bíblicos sobre a Paciência

- "Onde há paciência e humildade, aí não há nem ira nem perturbação" (Ad XXVII, 2).
- "Alegrem na esperança, sejam pacientes na tribulação e perseverantes na oração" (Rm 12,12).
- "Mas o fruto do Espírito é amor, alegria, paz, paciência, amabilidade, bondade, fidelidade" (Gl 5,22).

Questões Reflexivas

1. Eu fico irado ou perturbado com os erros e pecados dos outros?
2. Quantas vezes eu tenho cedido prontamente ao espírito de irritação, sabendo que é no coração do insensato que reside a irritação?
3. Se a Caridade não se irrita nem guarda rancor, de que forma posso desculpar, esperar e suportar as adversidades da vida?
4. Quando estou sofrendo na alma, tenho paciência e confiança em Deus?
5. Tenho consciência de que Deus é clemente, bondoso, misericordioso, compassivo e cheio de fidelidade?
6. Como tenho cultivado os frutos do Espírito Santo: amor, alegria, paz, paciência, amabilidade, bondade, fidelidade?

Oração

"Senhor, protege-me da ira e do furor. Que eu não venha a fazer o mal contra meu irmão e minha irmã. Dai-me um coração modesto, humilde e sereno, para que eu reconheça meus pecados e busque em ti a graça do perdão. Que eu seja paciente, bondoso e misericordioso com todos e todas que encontrar em meu caminho. Amém!" (Do autor).

São Francisco e o Pecado da Luxúria

São Francisco não se deixava enganar pela carne

O Seráfico Francisco acreditava que o corpo fora criado por Deus, e chama a atenção do homem para sua relevância de ter sido formado segundo "à *imagem* de seu dileto Filho segundo o corpo e a sua *semelhança* segundo o espírito" (Ad 5,1). A esse evento, o homem deveria avaliar como "grande excelência". Em uma outra passagem das Admoestações, ele reza reconhecendo que, pelo "único Filho com o Espírito Santo", Deus, por sua "santa vontade", criou "todos os seres corporais e espirituais e a nós, feitos *à [sua] imagem e semelhança, nos [colocou] no paraíso*" (Gn 1,27; 2,15) (RnB XXIII, 1). Ele convida-nos a amar a Deus que "nos deu e nos dá a todos nós todo o corpo, toda a alma e toda a vida; a ele que nos criou, remiu-nos e somente *por sua misericórdia nos salvará*" (Tb 13,5). Enfim, convida o homem a render graças a Deus, pois Ele é "nosso Criador, Redentor e Salvador, único Deus verdadeiro, que é o bem pleno, todo o bem, o bem total, verdadeiro e sumo bem, o *unicamente bom* (Lc 18,19)" (RnB XXIII, 9).

O que é o pecado da luxúria?

O Catecismo da Igreja Católica define a luxúria como "um desejo desordenado ou um gozo desregrado do prazer venéreo [erótico]. O prazer sexual é moralmente desordenado quando é buscado por si mesmo, isolado das finalidades de procriação e de união" (CIC n. 2351).

O pecado capital da luxúria, em Francisco, está associado à carne e ao corpo. Assim há muitas citações de Tomás de Celano em que retrata o santo se libertando da "tentação da carne", pois captando "a astúcia do espírito não se deixava enganar pela carne" (2Cel LXXXII 116,7-8). "Então, o demônio envia-lhe uma gravíssima tentação de luxúria". A reação de Francisco foi imediata: "E o bem-aventurado pai, logo que percebe, tendo deposto a veste, açoita-se durissimamente com uma corda, dizendo: "Vamos, irmão burro, assim é preciso que tu fiques, assim convém que tu suportes o castigo! A túnica é da Religião, não [te] é permitido roubá-la; *se queres ir a algum lugar, prossegue*" (Is 40,4; 1Sm 30,13) (2Cel LXXXII 116,9-11).

O corpo para Francisco era a sede de tudo o que é apetitivo, pois os desejos dele resultam sempre em prazer ou dor, alegria e tristeza. Contudo, faz-se necessário distinguir que, para ele, a alegria provém da alma, e a tristeza do corpo. Talvez haja uma tensão entre alma e corpo. Disse, certa vez: "Deve-se prover o irmão corpo com discernimento, para que ele não provoque a tempestade da tristeza" (2Cel XCII 129,1). O corpo deve ser domado pelo exercício da mortificação, para que não fique "entediado de vigiar *e de perseverar* reverentemente *em oração*" (Tb 3,11). Com efeito, como jumento de carga, ele reivindica para si prazer, seja pela comida, bebida, sexo, lazer, seja pelo descanso, após carregar o peso.

Francisco, porém, não quer que o corpo devore a ração e, para superar sua preguiça, "precisa de esporas, pois o burrinho indolente espera chicote" (2Cel XCII 129,4). Assim o Pobre de Assis tratava seu inocente corpo, submetendo-o "a flagelos e penúrias, multiplicando-lhe *as feridas sem motivo*" (Pv 23,29). Ele foi mais além quando chama o corpo de inimigo que nos leva ao pecado e, por essa razão, a pessoa tem de se "proteger dele, porque, ao fazer isto, nenhum outro inimigo, visível ou invisível, lhe poderá fazer mal" (Ad X,2-4). E, na Primeira Carta aos Fiéis, orienta: "Todos os que ... odeiam seus corpos com os vícios e os pecados, recebem o corpo e o sangue de Nosso Senhor Jesus Cristo, e produzem dignos frutos de penitência..." (1Fi I,2-4).

O Pobre de Assis é duro com seu próprio corpo que o chama "irmão burro", que sofre ferrenhamente nas mãos do santo. Ele quer domá-lo de seus apetites selvagens, pois "ao corpo é doce cometer o pecado, e amargo é servir a Deus" (1Fi II,11). Evidentemente, Francisco é um homem de seu tempo, cuja moral cristã negava o corpo para salvar a alma. Ademais, ele encontra no próprio Evangelho argumento para justificar sua atitude diante do corpo, quando afirma: "Devemos odiar nossos corpos com seus vícios e pecados, porque diz o Senhor no Evangelho: Todos os males, vícios e pecados *provém do coração dos homens*" (Mc 7,21-23) (2Fi 37.69). Continua ele: "... Devemos colocar nossos corpos sob o jugo da servidão e da santa obediência, como cada um prometeu ao Senhor" (2Fi 40).

O corpo merece ser castigado, segundo Francisco, "crucificando-o com seus vícios, suas concupiscências e seus pecados; porque, vivendo carnalmente, ele quer tirar de nós o amor de Jesus Cristo e a vida eterna e perder a si mesmo com a alma no inferno" (1Fr I,3; RnB XXII,5). O remédio para superação de tudo citado é a "santa obediência", pois ela "confunde todas as vontades próprias, corporais e carnais, e mantém o corpo mortificado para a obediência ao espírito e a seu irmão..." (SV 14.15). Percebe-se que Francisco "nunca poupava o corpo, expondo-o, *como se fosse alheio* (Hb 11,9) a si, a todas as injúrias de atos e de palavras" (2Cel XIV 21,1).

Na Segunda Carta de São Pedro, encontramos elementos exortativos ao modo de viver cristãmente e advertências sobre os falsos mestres que insinuam doutrinas perniciosas. O Apóstolo se manifesta contra "Aqueles que correm com desejos impuros atrás dos prazeres da carne e desprezam a autoridade (...). Encontram suas delícias em se entregar em pleno dia a suas libertinagens. Homens pervertidos e imundos, sentem prazer em enganar, enquanto se banqueteiam convosco" (Pd 2,10.13).

Refletimos nesses versículos as advertências de Pedro a respeito da luxúria carnal que se manifesta naqueles que correm atrás dos prazeres da carne. Santa Clara, na Terceira Carta a Santa Inês de Praga, escreve: "Deixe de lado tudo que neste mundo falaz e perturbador prende seus olhos amantes e ame totalmente o que se entregou inteiro por seu amor, aquele cuja beleza o sol e a lua admiram, cujos prêmios são de preciosidade e *grandeza sem-fim* (Sl 144,3) (3In 15).

O Apóstolo Paulo, como São Francisco, estabelece a luta entre a carne e o espírito. Para ele, "as obras da carne são estas: fornicação, impureza, libertinagem, idolatria, superstição, inimizades, brigas, ciúmes, ódio, ambição, discórdias, partidos, invejas, bebedeiras, orgias e outras coisas semelhantes" (Gl 5,19-21). Enquanto o Espírito produz frutos: "Caridade, alegria, paz, paciência, afabilidade, bondade, fidelidade, brandura, temperança" (Gl 5,22-23). "Os que são de Cristo, afirma Paulo, crucificaram a carne, com as paixões e concupiscências" (Gl 5,24).

Francisco de Assis viveu radicalmente os ensinamentos de Jesus e de Paulo em sua forma de vida. Maltratou o "irmão burro", o corpo, porque ele seria fonte de todos os prazeres exigidos pela carne. Por isso insistia que seria "necessário carregá-lo de trabalho e de fardos, puni-lo com chicotadas e ser sustentado com alimento ordinário e escasso" (LM V,5).

O santo de Deus, porém, antes de morrer, pediu perdão ao "irmão burro", com estas palavras: "Irmão asno, te peço perdão se eu te maltratei. Ele chamava o corpo de asno, e então se reconcilia consigo mesmo, com sua própria corporeidade, antes de voltar para Deus, nu sobre a terra nua; nu como nasceu, para ir ao encontro deste novo nascimento que é o encontro com Deus, para entrar na vida eterna" (Fr. Francesco Patton, Custódio da Terra Santa, 02/11/2020).

Contraponto à Luxúria: Pureza de Coração

"Bem-aventurados os puros de coração, porque verão a Deus" *(Mt 5,8)*

Talvez, tenhamos de nos exercitar para compreender o mundo social, econômico, político, religioso e cultural de Francisco. Percebendo o desregramento moral, ele aconselha que os irmãos e os fiéis não se deixem levar pela carne impregnada de desejos, taras e volúpia. Daí propõe a pureza do coração, como elemento contraposto à luxúria. Para isso é preciso sacrifício e mortificação do corpo. Aqui ele está em consonância com o que Jesus dissera a seus discípulos: "*Quem não renunciar a tudo o que possui não pode ser meu discípulo* (Lc 14,33); e: *quem quiser salvar sua vida, perdê-la* (Lc 9,24). Dentro desse contexto, Francisco orienta os irmãos e os fiéis para renunciarem a si mesmos (Mt 16,24). Isso fica mais explícito no Fragmento da Regra não Bulada: "E todos os irmãos, onde quer que estejam, recordem-se que se doaram e entregaram seus corpos ao Senhor Jesus Cristo. E por amor dele, devem suportar perseguição e morte tanto dos inimigos visíveis quanto dos invisíveis" (1Fr 39.40; 2Fr 26; RnB XVI, 10-11).

Há um dado importante: os consagrados fazem um voto de doação e entrega ao Senhor. Por isso não podem viver segundo a carne, mas segundo o Espírito do Senhor. Devem renunciar os desejos da carne, como aconselha o Apóstolo Paulo aos Coríntios: "Fujam da imoralidade. Qualquer outro pecado que o homem comete é exterior a seu corpo; mas quem se entrega à imoralidade, peca contra seu próprio corpo. Ou vocês não sabem que seu corpo é templo do Espírito Santo, que está em vocês e lhes foi dado por Deus? Vocês já não pertencem a si mesmos. Alguém pagou alto preço pelo resgate de vocês. Portanto, glorifiquem a Deus no corpo de vocês" (1Cor 6,18-20). Portanto, trazemos Jesus *em nosso coração e em nosso corpo* (1Fi I,10; 2Fi 53).

Francisco leva a sério tudo o que Paulo escreve acima. Em sua radicalidade, o corpo não deve ser lugar da concupiscência, da luxúria, pois é templo do Espírito Santo, lugar em que Deus habita. Ou seja, o corpo é a morada de Deus, o qual enviou seu Filho que pagou alto preço pelo resgate de nossa vida: oferecendo-se "a si mesmo, *através de seu próprio sangue* (Hb 9,12), como sacrifício e hóstia no altar da cruz..." (2Fi 11). A convicção do Pobre de Assis é que Jesus "quer que todos sejamos salvos por Ele, e que o recebamos com o coração puro e com o corpo casto" (2Fi 14).

Aqui Francisco tem consciência de que um coração puro e um corpo casto somente pode ser alcançados por via da imitação à pureza de Cristo. Nas Admoestações aos irmãos, ele enfatiza um artigo sobre "A pureza de coração". Nele, toma-se como fundamento a sexta *Bem-aventurança: "Bem-aventurados os puros de coração, porque eles verão a Deus!"* (Mt 5,8). Segundo Francisco, os "verdadeiramente puros de coração", são todos aqueles que "desprezam as coisas terrenas, buscam as celestes e nunca desistem de adorar e de procurar o Deus vivo verdadeiro com o coração e a mente puros" (Ad 16,1-2). Assim, o louvor agradável a Deus brota de um coração puro (2Fi 19), *porque convém rezar sempre e não desanimar* (Lc 18,1), *pois o Pai procura* (Jo 4,23) tais adoradores" (1Fr 17; RnB XXII, 26.30).

Para uma maior compreensão dessa *Bem-aventurança,* temos de recorrer ao sentido de "coração" no contexto bíblico. Quando Jesus fala aos discípulos sobre o "coração", Ele tem em mente o significado recorrente em sua cultura, ou seja, o coração como "sede da personalidade moral" (CIC n. 2517). Admoesta Ele os discípulos: "É do coração que provêm os maus pensamentos, os homicídios, os adultérios, as impurezas, os furtos, os falsos testemunhos, as calúnias" (Mt 15,19). Todo esse conjunto diz respeito ao comportamento moral da pessoa. Portanto, para que ela abandone tal comportamento, deverá purificar o coração, sede dos desejos, das paixões, dos prazeres e de todo a "concupiscência da carne e das cobiças desordenadas" (CIC n. 2520).

Segundo o Catecismo da Igreja, "a expressão 'puros de coração' designa aqueles que entregam o coração e a inteligência às exigências da santidade de Deus, principalmente em três campos: a caridade, a castidade ou a retidão sexual, o amor à verdade e à ortodoxia da fé" (CIC n. 2518).

Como alcançar a pureza de coração? Quais são os passos necessários?

O Catecismo indica quatro passos:

Primeiro: pela *virtude* e pelo *dom da castidade,* pois a castidade permite amar com um coração reto e sem partilha.

Segundo: pela *pureza de intenção,* que consiste em ter em vista o fim verdadeiro do homem. Com uma atitude simples, o batizado procura encontrar e realizar a vontade de Deus em todas as coisas.

Terceiro: pela *pureza do olhar,* exterior e interior; pela disciplina dos sentimentos e imaginação; pela recusa de toda a complacência nos pensamentos impuros que tendem a se desviar do caminho dos mandamentos divinos: "A vista desperta a paixão dos insensatos" (Sb 15,5).

Quarto: pela *oração.*

Em relação à *oração,* afirma Santo Agostinho: "Eu julgava que a continência dependia de minhas próprias forças... forças que eu não conhecia em mim. Eu era tão incensado que não sabia que ninguém pode ser continente, se vós não lho concedeis. E, sem dúvida, mo teríeis concedido, se, com meus gemidos interiores, vos ferisse os ouvidos e, com firme fé, depusesse em vós meus cuidados" (Santo Agostinho, Confissões, 66.11,20) (CIC n. 2520).

Junto a esses passos, o Catecismo ainda discorre sobre a importância do *pudor* que a pureza exige, pois considera ser o *pudor* "parte integrante da temperança. O pudor preserva a intimidade da pessoa. Consiste na recusa de revelar aquilo que deve ficar escondido" (CIC n. 2521). Mostra ainda o Catecismo que "o pudor é modéstia. Inspira o modo de vestir. Mantém o silêncio ou certa reserva quando se entrevê o risco de uma curiosidade malsã. Torna-se discrição" (CIC n. 2522).

Dessa afirmativa, eu compreendi o quanto o Apóstolo Paulo, ao escrever às mulheres de Corinto, chamava-lhes a atenção para o fato de que deveriam se resguardar em revelar aquilo que deveria ficar escondido: os cabelos. Aqui ele aponta para o pudor. Além da Carta aos Coríntios, Paulo escreveu também uma "Carta Pastoral" a seu dileto amigo Timóteo, líder da Comunidade de Éfeso (65 d/C). Na Carta, ele faz recomendações aos homens e às mulheres. A estas, ele aconselha: "Quero que as mulheres usem traje honesto, enfeitando-se com modéstia e sobriedade. Seus enfeites consistam não em primorosos penteados, ouro, pérolas, vestidos de luxo, e sim em obras, como convém a mulheres que professam a Piedade" (1Tm 2,9-10).

Não estaria Paulo chamando a atenção para a modéstia e preservação da intimidade da mulher?

Corinto, localizada na Grécia antiga, era uma cidade portuária e grande centro comercial e político. Paulo tem uma preocupação com os convertidos ao cristianismo, por considerar um ambiente de condutas imorais e costumes pagãos (1Cor 11,5). Ele aconselha que as mulheres, durante o culto divino, na assembleia, usem o véu como sinal de "respeito a seu Senhor" (1Cor 11,5). Alguns pensadores veem esse costume apenas como submissão ao marido (1Cor 11,10). Essa não deixa de ser uma alusão ao Gênese 2,20-24. Pode-se, com efeito, indicar também o respeito ao homem, enquanto "autoridade", ao qual ela foi dada em união marital; contudo, os dois devem se tornar "uma só carne" (Gn 2,24).

O costume da mulher usar um tipo lenço sobre a cabeça já se encontrava nas culturas gregas e judaicas, como sinal de *pudor*. E a narrativa bíblica citada, mostra que Deus não deu uma escrava ao homem, mas uma mulher para lhe auxiliar e completar seu plano criador, a fim de que ambos pudessem colaborar com Ele na multiplicação e preservação da humanidade.

Em relação à Comunidade de Corinto, pode-se considerar que o uso do véu e os cabelos longos eram para distinguir entre as mulheres prostitutas e as casadas, pois aquelas tinham cabelos curtos e não usavam véus. Penso que não há nada de feminismo. Não podemos cair no anacronismo analisando esse costume antigo com as categorias interpretativas de hoje. O sentido era muito mais sobre o *pudor*, uma representação social, pois, como afirma Paulo, "Mas, se é vergonhoso para uma mulher ter os cabelos cortados ou raspado, cubra a cabeça!" (1Cor 11,6). Ora, se ele comenta sobre "vergonhoso", o que isso significa? – Significa que, socialmente, seria uma conduta imoral, indecente, obscena, para aquela cultura.

Nas sociedades modernas, as mulheres casadas têm suas representações sociais que indicam que estão casadas, por exemplo, as alianças, as vestes, a conduta social etc. Cultural e socialmente, em todas as sociedades, há elementos que identificam as funções e os papéis sociais do homem e da mulher relativos à união marital.

Jesus Cristo falou também sobre o escândalo ao qual os discípulos deveriam se precaver: "É inevitável que haja escândalos, mas ai daqueles que os causar! Melhor lhe fora ser lançado ao mar com uma pedra de moinho amarrada ao pescoço do que escandalizar um só destes pequeninos. Acautelai-vos!" (Lc 17,1-3). Aqui, Jesus pede aos membros da comunidade que se mantenham alinhados a sua Palavras e aos valores do Reino de Deus, a fim de que não caiam em escândalos, considerando as fragilidades humanas, que podem levar os outros a desistirem da caminhada de fé.

Enfim, o Apóstolo Paulo exorta os tessalonicenses para que procurem a santificação, pois para essa vocação foram chamados, bem como evitassem a "impureza" de seus corpos: "Que cada um de vós saiba possuir seu corpo santa e honestamente, sem se deixar levar pelas paixões desregradas, como os pagãos que não conhecem a Deus (...), pois Deus não nos chamou para a impureza, mas para a santidade" (1Ts 43-5.7).

Meditação Espiritual

São Francisco não se deixava enganar pela carne

"Quão belo, quão esplêndido, quão *glorioso se manifestava* (2Sm 6,22) na inocência de vida, na simplicidade das palavras, na pureza de coração, no amor a Deus, na Caridade fraterna, na obediência ardorosa, no serviço cordial, no *aspecto angelical* (Jz 13,6)! Delicado nas maneiras, tranquilo por natureza, afável na palavra, muito conveniente na exortação, *fidelíssimo ao que lhe era confiado* (Pr 11,13), previdente na deliberação, eficiente no trabalho, *simpático em tudo* (Est 2,15). Sereno no pensar, brando no ânimo, *sóbrio no espírito* (1Tm 1,7), absorvido pela contemplação, assíduo na oração e fervoroso em tudo. Firme no propósito, estável na virtude, perseverante na graça e [sempre] o mesmo em tudo. *Veloz* para perdoar, *lento para irar-se* (Tg 1,19), inteligente livre, memória brilhante, *sútil em discutir*

(Sb 7,22.23), circunspecto em escolher e simples em tudo. Rigoroso para consigo mesmo, compassivo para com os outros, discreto para com todos. Homem eloquentíssimo, fisionomia alegre, aspecto benigno, imune de preguiça, desprovido de arrogância" (1Cel XXIX 83,1-7).

Textos Bíblicos sobre a Luxúria

- "É do coração que provêm os maus pensamentos, os homicídios, os adultérios, as impurezas, os furtos, os falsos testemunhos, as calúnias" (Mt 15,19).
- "Mas a fornicação, e toda a impureza ou avareza, nem ainda se nomeie entre vós, como convém a santos" (Ef 5,3).
- "Mortificai, pois, vossos membros no que têm de terreno: a devassidão, a impureza, as paixões, os maus desejos, a cobiça, que é uma idolatria" (Cl 3,5).

Textos Bíblicos sobre a Pureza de Coração

- "Os que são de Cristo, afirma Paulo, crucificaram a carne, com as paixões e concupiscências" (Gl 5,24).
- "Que cada um de vós saiba possuir seu corpo santa e honestamente, sem se deixar levar pelas paixões desregradas (...), pois Deus não nos chamou para a impureza, mas para a santidade" (1Ts 43-5.7).
- "Bem-aventurados os puros de coração, porque verão Deus!" (Mt 5,8).

Questões Reflexivas

1. De que forma eu procuro me precaver da devassidão, da impureza, das paixões, dos maus desejos e da cobiça?

2. De que forma conservo meu corpo casto?

3. Há espaço em meu coração para a pureza?

4. O pudor preserva a intimidade da pessoa. Eu trabalho para preservar minha intimidade pessoal?

5. Eu tenho cultivado a semente da santidade que recebi no Batismo?

6. Francisco procura viver a pureza do coração e do corpo. Como isso é possível em minha vida?

Oração

"Concede-me, Senhor, um coração puro e um corpo casto, para que o Espírito Santo se faça morada em meu ser, como fizeste na Virgem Maria. Que eu guarde minha intimidade pessoal, livrando-me de todo e qualquer luxúria que possa levar-me ao pecado. Que, seguindo os passos de teu Filho, eu seja como São Francisco: assíduo na oração e fervoroso em tudo, firme no propósito, estável na virtude, perseverante na graça, aberto para perdoar, lento para irar-me, rigoroso para comigo mesmo, compassivo para com os outros, discreto para com todos. Que eu traga sempre uma fisionomia alegre; que eu seja imune de preguiça e desprovido de arrogância. Amém!" (Do autor).

São Francisco e o Pecado da Gula

"**São cães gulosos e insaciáveis...**"
(Is 56,11)

Para São Francisco, na perspectiva de mortificação, a carne torna-se um "inimigo" a ser combatido. A chamada do santo é que se tenha cuidado entre "o espírito da carne" e o "Espírito do Senhor". Este "quer que a carne seja mortificada e desprezada, vil e abjeta" (1Fr 51; RnB XVII 14); aquele "quer e se esforça muito para ter as palavras, mas pouco para fazer as obras" (1Fi 48). Ele ensinava os irmãos "não só a mortificar os vícios e a reprimir os impulsos da carne, mas também os próprios sentidos exteriores, por meio dos quais a morte entra na alma" (1Cel XVI 43,1).

O que é a gula?

O papa Francisco afirma que a gula é uma "loucura do ventre".

O que isso significa? - Que há pessoas que vivem apenas para comer. Ele aconselha que devemos ter uma boa relação com a alimentação: "Vemos isto quando uma pessoa tem uma relação desordenada com a comida, olhamos para como ela come, come apressadamente, como se tivesse vontade de se saciar e nunca se sacia, não tem uma boa relação com o alimento, é escrava da comida" (Audiência, 10/01/2024).

Disso resulta os distúrbios alimentares dos quais muitas pessoas sofrem na alma: "Comemos demasiado ou demasiado pouco. Muitas vezes, comemos sozinhos. Os distúrbios alimentares estão a espalhar-se: anorexia, bulimia, obesidade... E a medicina e a psicologia tentam resolver a má relação com a comida, a raiz de muitas doenças... procuram abordar a má relação com a comida. Uma má relação com a comida produz estas enfermidades" (Papa Francisco).

O biógrafo Celano informa sobre o modo de Francisco e os irmãos lidarem com os desejos da carne, pois "como se cingissem com argolas de ferro e se vestissem com cilícios, macerados por *muitas vigílias e* contínuo *jejuns* (2Cor 11,27), muitas vezes teriam desfalecido se, pela admoestação assídua do piedoso pastor, não tivessem abrandado o rigor de tanta abstinência" (2Cel XIV 21,4).

Os irmãos foram rigorosos consigo mesmos. Havia um ideal de vida perfeita. Para isso, utilizavam-se de vários instrumentos penitenciais, como acima: argolas de ferro e cilícios. Esses meios de penitência existiram até o Vaticano II.

Percebe-se o rigor disciplinar aplicado ao corpo, sobretudo, com jejuns e abstinência. Não saberia informar até que ponto Francisco tivesse conhecimento dos monges anacoretas do primeiro ao quarto século do cristianismo. Esses monges viveram no deserto do Egito, onde, por meio da abstinência e mortificação da carne, procuravam alcançar a forma de *vida ideal*. Trazendo como exemplo, santo Antão (251-356), um monge que, durante muito tempo, no deserto do Egito, vivia em um túmulo, recebendo dos amigos pão, em longos intervalos de dias (LACARRIÈRE, 2013, p. 59).

Antão vivia em uma austeridade exemplar: "passava a noite inteira sem pregar os olhos; só comia uma vez ao dia, depois que o sol se havia posto, ou de dois em dois dias, e tinha como todo alimento pão e sal, e como bebida, água. Quando queria repousar um pouco, tinha como leito uma esteira de junco e um cilício, mas, no mais das vezes, deitava-se sobre a terra nua" (LACARRIÈRE, 2013, p. 56). Aqui, a ascese compreende tanto uma disciplina mental quanto um exercício do corpo (LACARRIÈRE, 2013, p. 56).

O monge Macário também marcou relevante história anacoreta, no deserto do Egito. Ele contou a seu discípulo Evágrio Póntico: "Passei vinte anos nesse deserto, sofrendo de fome, de sede e de sono, pois a cada dia só comia um pouco de pão, media minha água e dormia, como que às escondidas, encostando-me na muralha, o pouco de sono de que não podia me privar" (LACARRIÈRE, 2013, p. 133).

Esses santos homens do deserto buscavam aquela *aplateia*, que significa "desprendimento do corpo e do espírito em que se está em repouso de si mesmo" (LACARRIÈRE, 2013, p. 133). Desprendido até do medo, Macário, certa vez, em um dos túmulos, perto do Rio Nilo, penetrou para descansar e, encontrando ali um cadáver, fez dele um travesseiro (LACARRIÈRE, 2013, p. 133). Ou mesmo como o monge Arsênio, que tinha como refeição somente duas ameixas e um figo por dia com um pouco de pão, e ele só comia as frutas quando estavam maduras demais (LACARRIÈRE, 2013, p. 138). A vida dos monges do deserto era marcada por sacrifícios, abstinência e mortificação da carne.

Francisco seguia a maneira dos monges anacoretas, pois buscava a mortificação da carne para não se deixar cair em tentações. A austeridade para com seu corpo era uma forma dele esvaziar de si tudo que pudesse antepor a seu coração, impedindo-o de louvar e exaltar o Senhor Jesus. E, fazendo isso, sentia-se alegria na alma, era para que, uma vez revigorado, suportasse "alegremente pelo Senhor quaisquer coisas ásperas e amargas" (LTC 22,10). Assim se penitenciava não somente com jejuns, mas também "com *muitas vigílias, com frio e com a nudez* (2Cor 11,27) e *com o trabalho de suas mãos"* (Sl 127,2; Tb 2,19) (CA 56,34; EP 27,11; 99,3; 106,2).

Contudo, a caridade de Francisco revelava sua sensibilidade para com os irmãos que mortificavam seus corpos para além da medida. Na Compilação, Espelho da Perfeição (EP), encontramos essa realidade. "Certa ocasião, quando São Francisco começou a ter irmãos e morava com eles em Rivotorto, perto de Assis, aconteceu que uma noite, enquanto todos os irmãos estavam descansando, por volta da meia-noite, um dos frades pôs-se a gritar, dizendo: "Estou morrendo! Estou morrendo!" Todos os frades acordaram espantados e atemorizados. São Francisco levantou-se e disse: "Irmãos, levantai-vos e acendei a luz!" E, acesa a luz, perguntou: "Quem foi que disse: estou morrendo?" O frade respondeu: "Fui eu". E ele: "O que tens, irmão? De que estás morrendo?" Respondeu: "Estou morrendo de fome!" Então, Francisco mandou imediatamente preparar a mesa e, como homem cheio de Caridade e distinção, comeu com ele para que não se envergonhasse de comer sozinho; e, por vontade dele, todos os outros frades também comeram" (EP 271-4).

Obra exemplar de misericórdia. O santo, em sua generosidade e em seu cuidado, não queria que aquele frade se constrangesse diante dos outros e, por essa razão, convida todos os demais para se confraternizar com o irmão. E dessa experiência, ele aconselha que "cada um examine sua natureza e dê a seu corpo o que necessita, para que possa servir ao espírito". E conclui afirmando algo que, somente um homem livre de tudo, respeita a liberdade e os limites do irmão: "Pois assim como devemos guardar-nos do alimento supérfluo, prejudicial ao corpo e à alma, da mesma forma, devemos fugir da abstinência demasiada, porque o Senhor *quer misericórdia e não sacrifício* (Os 6,6; Mt 9,13;12,7).

Enfim, compreende-se a *gula* como um pecado capital porque dela se geram outros pecados, outros vícios (CIC n. 1866). Devemos cuidar para que não nos tornemos como cães gulosos e insaciáveis. Tenho orientado algumas pessoas que, quando estão com algum problema ou alguma dificuldade, põem a comer compulsivamente, resultando em obesidade. Esse pecado, como refletimos, supera-se com a virtude da *temperança.* O que é isso? – É exercitar-se para saber temperar, moderar, pela razão, tudo que nos leva à sedução dos prazeres sensíveis da carne, sobretudo, tudo o que se relaciona à alimentação e à bebida.

Contraponto à Gula: Temperança

"A temperança modera a sedução dos prazeres sensíveis e procura o equilíbrio no uso dos bens criados"
(CIC n. 1838)

A temperança é uma das virtudes cardeais. Essas virtudes, segundo o Catecismo da Igreja, têm "um papel de 'dobradiças'. Por que essa analogia? - Porque as dobradiças, estando presas a pinos, giram auxiliando as portas e janelas a abrirem-se e a fecharem-se ou aproximarem-se e afastarem-se. Esse movimento dá sustentação aos objetos a elas presos. Assim se entende o significado de "cardeais" - do latim *cardo/cardinis* - ou seja, são como pinos nos quais todas as outras virtudes se agrupam em torno delas, quais sejam: a prudência, a justiça, a fortaleza e a temperança" (CIC n. 1805).

Por exemplo: "A virtude da castidade deve ser comandada pela virtude cardeal da *temperança,* que tem em vista impregnar de razão as paixões e os apetites da sensibilidade humana" (CIC n. 2341). Nesse sentido, a castidade torna-se também uma virtude moral, como também "um dom de Deus, uma graça, um fruto da obra espiritual" (CIC n. 2345).

Por temperança, a Igreja define como uma "virtude moral que modera a atração pelos prazeres e procura o equilíbrio no uso dos bens criados CIC n. 1809). Nessa definição, o verbo central é *moderar*. Significa: manter-se no controle dos desejos de prazeres; não se deixar levar pela sedução deles. Conter-se no uso dos bens materiais. Ou seja, assegura "o domínio da vontade sobre os instintos e mantém os desejos dentro dos limites da honestidade. A pessoa temperante orienta para o bem seus apetites sensíveis, guarda uma santa discrição e 'não se deixa levar a seguir as paixões do coração'" (Eclo 5,2) (CIC n. 1809).

Francisco toma como modelo imitativo, Jesus Cristo. Ele tem consciência da necessidade de nos desprendermos do corpo para melhor acolher a graça divina em nosso coração. Seu desejo primeiro foi: imitar Jesus Cristo. Uma de suas virtudes foi a moderação. Percebemos isso quando fala aos irmãos: "Cada um examine sua natureza e dê a seu corpo o que necessita, para que possa servir ao espírito". A moderação é uma forma de mantermos em estado de sobriedade e conscientes do que convém para nos mantermos em equilíbrio.

A moderação do santo de Deus vem acompanhada da discrição, qualidade esta que o fazia agir com modéstia e austeridade. Sem cometer excessos, ele demonstrava ser uma pessoa de autocontrole sobre seus desejos e prazeres. Dizia: "O servo de Deus, comendo, dormindo e em outras necessidades, deve satisfazer seu corpo com discrição, para que o irmão corpo não posso murmurar dizendo: Eu não posso estar de pé e persistir na oração nem me alegrar em minhas tribulações e fazer outras obras boas, porque não me satisfazes" (CA 120,7).

Por isso o irmão tem de satisfazer "o corpo com discrição de modo bastante bom e adequado" (CA 120,9). Como orienta o Apóstolo Tiago: "Viver com autodomínio, justiça e piedade neste mundo" (Tt 2,12). Francisco tem consciência de que a temperança, "que é a moderação nos desejos sensuais, é também a garantia de um desfrutar mais puro ou mais pleno" (COMTE-SPONNVILLE, 1996, p. 45). Esse desfrutar mais puro e mais pleno dos bens criados dava ao Pobre de Assis a segurança de que ele seria senhor de seus desejos e prazeres e não um simples escravo. Ele era íntegro porque sabia manter-se no equilíbrio entre as coisas que podiam proporcionar prazer ao corpo, levando-o ao pecado, e aquelas que podiam proporcionar prazer à alma, levando-o à alegria espiritual.

Meditação Espiritual

"Os sábios do mundo e os que o são segundo a carne, não têm ideia de vossa sabedoria: naqueles encontra-se muita vaidade, e nestes a morte. Porém, os que, para vos seguir, desprezam o mundo e mortificam a carne, mostram-se verdadeiramente sábios, porque deixam a mentira pela verdade e a carne pelo espírito. Estes se gloriam em Deus; e tudo o bem que acham nas criaturas, referem-no à glória de seu Criador (...). Oh! Quando virá essa feliz e desejada hora em que me sacieis de vossa presença e me sejais tudo em todas as coisas? Enquanto isto, se não me conceder, não terei alegria perfeita. Mas, ai! Que ainda vive em mim o homem velho; não está ainda de todo Crucificado nem inteiramente morto. Ainda sua luxúria combate fortemente contra o espírito; move em mim guerras interiores e não deixa reinar a paz em minha alma. Mas vós, Deus meu, "que dominais o poder dos mares e amansais o ímpeto de suas ondas, levantai-vos e vinde em meu socorro" (Sl 88,10; 18,26) (...). Ostentai, Senhor, vossas maravilhas e glorificai vossa destra: porque não tenho outra esperança, nem outro refúgio senão em vós, Senhor e Deus meu!" (Jt 9,2; 36,7) (Imitação de Cristo, Livro III, cap. XXXIV).

Textos Bíblicos sobre a Gula

- "Não estejais entre os beberrões de vinho nem entre os comilões de carne. Porque o beberrão e o comilão acabarão na pobreza; e a sonolência os faz vestir-se de trapos" (Pv 23,20-21).

- "São cães gulosos e insaciáveis..." (Is 56,11).

- "Entregaram-se à concupiscência no deserto, e tentaram a Deus na solidão" (Sl 106,14).

Textos Bíblicos sobre a Temperança

- "A temperança modera a sedução pelos prazeres sensíveis e procura o equilíbrio no uso dos bens criados" (CIC n. 1838).

- "Viver com autodomínio, justiça e piedade neste mundo" (Tt 2,12).

- "Não deve ser dado a bebidas, nem violento, mas condescendente, pacífico, desinteressado" (1Tm 3,3).

Questões Reflexivas

1. De que forma eu me sinto seduzido pelos prazeres sensíveis da carne, sobretudo, aos relacionados à alimentação e à bebida?
2. Deixo levar-me tão somente pelo "espírito da carne"?
3. Como reflito a austeridade de São Francisco quando este buscava esvaziar de si tudo que pudesse antepor a seu coração, impedindo-o de louvar e exaltar o Senhor Jesus?
4. A temperança tem me levado ao equilíbrio no uso dos bens criados?
5. Eu tenho me exercitado para viver com autodomínio, harmonia e piedade no cotidiano de minha vida?

6. O que eu posso aprender dos sábios que desprezam o mundo e mortificam a carne?

Oração

"Senhor, que eu não me deixe levar pelo pecado da gula, mas moderai meus desejos e prazeres, e dai-me um coração puro, a fim de que eu possa viver neste mundo de forma equilibrada e harmoniosa. Amém!" (Do autor).

São Francisco e o Pecado da Preguiça

"O ócio é inimigo da alma e eliminador do *espírito* da santa oração e devoção"
(São Francisco)

São Francisco orientava os irmãos ao trabalho não apenas para o sustento do corpo, mas também para "a salvação da alma" e teriam de executá-lo com honestidade. E dizia: "Os que não sabem trabalhar, aprendam, não pelo desejo de receber o salário do trabalho, mas por causa do exemplo e para afastar a ociosidade" (Test 21). Os irmãos não recebam dinheiro, mas "recebam para si e para seus irmãos as coisas necessárias ao corpo" (RB V,4). E caso não trabalhem, "como outros pobres", devem pedir esmola.

Por que o frade deve se ocupar de alguma obra? - Para que o "demônio o encontre ocupado", pois "a ociosidade é inimiga da alma" (RnB VII,11; 2Cel CXVI 157,7). Admoestava Francisco que, para fugir da ociosidade, os irmãos ajudassem "os homens pobres em seus campos e estes, depois, lhes dariam pão por amor de Deus" (EP 55,27; CA 56,35).

Francisco ensinava "que o maior empenho se deve fugir do ócio, sentina de todos os maus pensamentos, mostrando com o exemplo que o corpo rebelde preguiçoso deve ser domado com contínuas disciplinas e com frutuoso trabalho (...). Quando via alguém ocioso sem trabalhar querendo comer os trabalhos dos outros, determinava que devia chamar-se 'irmão mosca', pelo fato de que tal [irmão], não fazendo nada de bom e arruinando os bens feitos, torna-se vil e abominável a todos. – Por causa disso, disse uma vez: "quero que meus irmãos trabalhem e se exercitem, para que, entregues ao ócio, não vaguem com o coração e com a língua por coisas ilícitas" (LM V,6).

Assim ele orientava que se o "irmão corpo quiser ser preguiçoso, negligente ou sonolento na oração e nas vigílias e em outras boas obras da alma, deve castigá-lo como burro mau e preguiçoso, porque quer comer e não quer produzir nem carregar a carga" (CA 120,10). Percebe-se o quanto o Seráfico admoesta os irmãos a serem austeros com o corpo, precavendo-os da preguiça.

Ao solicitar que os irmãos trabalhassem com as próprias mãos, Francisco queria que evitassem o ócio, que é o inimigo da alma, e pudessem *extinguir o espírito* da santa oração e devoção (RB V,3). Em algumas passagens de seus escritos, encontramos tais admoestações, como: "Para evitar a ociosidade, que é *a raiz de todos os males* (1Tm 6,10), sobretudo no religioso, ordenou que diariamente, após a refeição, imediatamente, os frades se pusessem com ele a fazer algum trabalho, para que não perdessem totalmente ou em parte o bem alcançado no tempo da oração, por *palavras inúteis e ociosas* (Mt 12,36), às quais o homem é propenso, sobretudo após as refeições" (EP 82,4-5).

Aqui temos a vontade criativa do Servo de Deus, em contraponto à preguiça: fazer algum trabalho após as refeições. Ficar na ociosidade é dar espaço às palavras inúteis e ilícitas. Isso Jesus havia advertido seus discípulos: "Mas eu digo que, no dia do juízo, os homens haverão de dar conta de toda palavra inútil que tiverem falado" (Mt 12,36). Francisco queria resguardar os irmãos de proferirem *palavras inúteis,* cujo castigo seria "rezar um Pai-Nosso, louvando a Deus, no princípio e no fim da oração" (EP 82,6-8).

O Santo de Deus não era medíocre para aceitar irmãos que, se aproveitando da pobreza, pudessem transformar "o lugar da contemplação em lugar do ócio ou converter o modo eremítico de viver, que foi inventado para aperfeiçoar as almas, em sentina das paixões" (2Cel CXXXVI 179,2). Francisco sabia muito bem distinguir o que convinham para a vida dos irmãos tanto em relação ao trabalho quanto à oração e devoção. A criatividade estava em trabalhar para que a alma não fosse atormentada pela tentação do demônio que se aproveita de uma alma ociosa.

Francisco, com efeito, queria que os irmãos trabalhassem ou aprendessem algum ofício, para os livrar de duas coisas: primeira, para não serem pesados aos homens; e, segundo, para que seus corações e suas falas não vagassem no ócio, e dizia: "Quero que todos os meus irmãos trabalhem e se exercitem, e que, aqueles que não sabem, aprendam algum ofício para – dizia – sermos menos pesados aos homens e a fim de que o coração ou a língua não vague no ócio" (CA 48,4).

Nas Sagradas Escrituras, o sábio lembra ao povo que "a preguiça cai no torpor: a alma indolente terá fome" (Pv 19,15). O sábio aconselha que a alma em estado de moleza, apatia, sente fome, ou seja, sente-se desanimada para a ação: trabalho, oração, empatia social, alegria. O Apóstolo Paulo aconselha as mulheres para que não se habituem em "andar ociosas de casa em casa; e não só ociosas, mas também indiscretas e curiosas, falando coisas que não devem" (1Tm 5,13).

Na Carta aos Tessalonicenses, Paulo exorta os irmãos para que não caiam no vício da preguiça: "Procurai viver com serenidade, ocupando-vos de vossas próprias coisas e trabalhando com vossas mãos, como vo-lo temos recomendado. É assim que vivereis e honrosamente em presença dos de fora e não sereis pesados a ninguém" (1 Ts 4,11).

O Apóstolo, além de formado nas Sagradas Escrituras, vivia de suas próprias mãos, pois trabalhava como tecelão. Essa informação encontra-se em At 18,3, onde informa que ele foi para Corinto, onde morava e trabalhava com o casal Áquila e Priscila, exercendo o mesmo ofício: fabricantes de tendas (At 18,1-3).

Contraponto à Preguiça: Entusiasmo

"O entusiasmo é o sal da alma"
(Santo Agostinho)

No Catecismo da Igreja, encontramos uma reflexão em que podemos confrontar nossa consciência moral em relação ao pecado, quando nos exorta: "Pode-se pecar de diversas maneiras contra o amor de Deus: A *indiferença* negligencia ou recusa a consideração da Caridade divina; menospreza a delicadeza da Caridade divina e nega sua força. A *ingratidão* omite ou se recusa a reconhecer a Caridade divina e a pagar amor com amor. A *tibieza* é uma hesitação ou uma negligência em responder ao amor Divino, podendo implicar a recusa de se entregar ao dinamismo da Caridade. A *acídia* ou preguiça espiritual chegam a recusar a alegria que vem de Deus e a ter horror ao bem Divino. O *ódio a Deus* vem do orgulho. Opõe-se ao amor de Deus, cuja bondade nega, e atreve-se a maldizê-lo como aquele que proíbe os pecados e inflige as penas" (CIC n. 2094).

Francisco aconselhava os irmãos para que evitassem o pecado da *acídia* ou preguiça espiritual, pois poderiam recusar a alegria espiritual que vem de Deus e a ter horror ao bem divino. Os irmãos devem ter cuidado com a "apatia paralisante", evitando murmurar para que não fique "entediado de vigiar *e de perseverar* reverentemente *em oração* (Tb 3,11) (2Cel XCII 129,2).

O Pobre de Assis se vigiava para não pecar por tibieza e dizia que "Os *tíbios*, que não se aplicam habitualmente a nenhuma ocupação, *deveriam ser logo vomitados da boca* de Deus (Ap 3,16). Ninguém podia comparecer ocioso diante dele, sem que ele o corrigisse de maneira mordaz. Na verdade, ele próprio, exemplo de toda a perfeição, afadigava-se e *trabalhava com suas mãos* (1Cor 4,12; 1Ts 4,11), não permitindo que nada se perdesse do excelente dom do tempo" (2Cel CXX 161,1-3).

O tempo é um dom, um presente do Criador, que precisa ser bem preenchido com trabalho e oração. Aliás os monges beneditinos viviam a mística *ora et labora* – oração e trabalho. Há também um ditado que afirma: "Mente vazia, oficina do diabo". Ou seja, sem uma ocupação material, a mente pode ocupar-se de pensamentos negativos e ameaçadores de destruir a si mesmo, como é o caso da ideação suicida. Enfim, por meio do trabalho, aconselhava Francisco que os irmãos podem "*fazer algo de bom* (Rm 9,11) e julgava que não progredir sempre era retroceder, por isso ele "dificilmente permitiu que decorresse vazia a menor fração do tempo" (2Cel CXVIII 159,1.3). Portanto, ele estava sempre pronto tanto para o trabalho quanto para os "exercícios espirituais" (2Cel CXVIII 159,1-2).

Em que consistia o entusiasmo de Francisco?

- Em "embriaguez espiritual", "alegria espiritual", "gozo divino", "transbordamento de alegria", "apressar-se" em pôr em prática tudo que ouvia sobre os ensinamentos de Jesus Cristo, "dar graças a Deus por todas as coisas" etc.

Consistia em um "entusiasmo divino" (1Cel V,11) para praticar, com alegria espiritual, o Evangelho de Cristo. Conforme seu biógrafo, Tomás de Celano, Francisco procurava "praticar com toda diligência e reverência também as outras coisas que ouvira. Pois não era surdo ao Evangelho, antes guardava tudo louvavelmente de memória e tratava de executá-lo à risca" (1Cel IX 22). Além disso, mesmo diante dos sofrimentos, "dava graças a Deus por todas as coisas" (1Cel V 11). Ele buscava, com entusiasmo, testemunhar o Evangelho porque havia encontrado "o tesouro escondido, o Reino dos céus" (1Cel III 7).

Logo no início do processo de sua conversão, certa vez, tendo encerrado a missa, Francisco solicitou que o padre lhe explicasse novamente o Evangelho. Este explicou-lhe tudo, e Francisco, "ouvindo que os discípulos não deviam possuir ouro, prata ou dinheiro, nem levar bolsa ou sacola, nem pão, nem bastão pelo caminho, nem ter calçados ou duas túnicas, mas pregar o reino de Deus e a penitência, entusiasmou-se imediatamente no espírito de Deus: "É isto que eu quero, é isto que procuro, é isso que eu desejo fazer de todo o coração". Apressou-se daí o santo pai, transbordando de alegria, para cumprir o salutar conselho e, sem demora, pôs devotamente em prática o que ouvira. Tirou os calçados dos pés, deixou de lado o bordão e, contente com uma só túnica, substituiu a correia por uma corda. Preparou depois uma túnica que apresentava o sinal da cruz, para afastar com ela todas as fantasias demoníacas. Fê-la muito áspera, para crucificar a carne com os vícios e os pecados" (1Cel IX 22).

Com espírito jovial, ele recebia com entusiasmo a Palavra de Deus e, logo, punha em prática. Após sua conversão, "Começou a pregar a todos a penitência, com grande fervor de espírito e alegria da alma, edificando os ouvintes com a linguagem simples e a nobreza de coração. Sua palavra era um fogo ardente que penetrava o íntimo do coração e enchia de admiração todas as inteligências" (1Cel X 23,1).

Em outra passagem, narra Tomás de Celano: "Passado não muito tempo, pôs-se a caminho de Marrocos, para pregar o Evangelho de Cristo ao Miramolim e a seus seguidores. Seu entusiasmo era tanto que, de vez em quando, deixava para trás seu companheiro de viagem, apressando-se para cumprir seu propósito com verdadeira embriaguez espiritual" (1Cel XX 56). Eis, portanto, o sentido de entusiasmo para o Seráfico Pai Francisco.

Meditação Espiritual

Francisco e os irmãos preguiçosos e gulosos

"Permita-me, santo pai, levar hoje ao alto a lamentação por aqueles que se dizem teus. Muitos odeiam o exercício das virtudes e, querendo descansar diante do trabalho, provam ser filhos não de Francisco, mas de Lúcifer. Temos maior quantidade de enfermos do que de militantes, visto que, *nascidos para o trabalho* (Jó 5,7), deveriam considerar sua *vida como uma luta* (Jó 7,1). Não lhes agrada progredir pela ação; pela contemplação não o conseguem. Depois de terem perturbado a todos por sua singularidade, trabalhando mais com a boca do que com as mãos, *odeiam quem os repreende na porta* (Am 5,10) e não se deixam tocar sequer com as pontas dos dedos. E admira-me mais o descaramento daqueles que, de acordo com a palavra do bem-aventurado Francisco, em sua casa somente tinham vivido *com suor* (Gn 3,19) e, agora, sem trabalho, alimentam-se do suor dos pobres. Admirável esperteza! Embora nada façam, julgarias que eles estão sempre ocupados. Sabem as horas das refeições, e se por acaso a fome aperta, eles se queixam de que o sol parou seu curso. Ó bom pai, deveria eu crer que estes monstros de homens são dignos de tua glória? Na verdade, [não são dignos] nem do hábito. Sempre ensinaste a buscar neste tempo incerto e fugaz as riquezas dos méritos, para não acontecer [ter que] mendigar no futuro. E estes, que hão de passar posteriormente ao exílio, nem da pátria desfrutam. E a doença grassa entre os súditos, porque os prelados fingem, como se fosse possível não receber o castigo daqueles cujos vícios eles sustentam" (2Cel IX 112; CXXI 162).

Textos Bíblicos sobre a Preguiça

- "O que trabalha com a mão displicente empobrece, mas a mão dos diligentes enriquece" (Pv 10,4).
- "A preguiça cai no torpor: a alma indolente terá fome" (Pv 19,15).
- "O ócio é inimigo da alma e eliminador do *espírito* da santa oração e devoção" (São Francisco de Assis).

Textos Bíblicos sobre o Entusiasmo

- "Mal acabavam de rezar, tremeu o lugar onde estavam reunidos. E todos ficaram cheios do Espírito Santo e anunciaram com entusiasmo a Palavra de Deus" (At 4,31).
- "Isto é uma ordem: sê firme e corajoso. Não te atemorizes, não tenhas medo, porque o Senhor está contigo em qualquer parte para onde fores" (Js 1,9).
- "O entusiasmo é o sal da alma" (Santo Agostinho).

Questões Reflexivas

1. Por causa da acídia, tenho recusado a alegria que vem de Deus?
2. A ociosidade é inimiga da alma e eliminadora do espírito da santa oração e devoção. O que tenho feito para superar minha ociosidade e acídia espiritual?

3. A *tibieza* é uma negligência em responder ao amor divino e uma recusa de se entregar ao dinamismo da Caridade. Isso acontece em minha vida? Como?

4. A tibieza tem me levado à preguiça para não fazer algum trabalho?

5. O Espírito Santo tem me entusiasmado para seguir o Cristo e anunciar sua Palavra de Deus?

Oração

"Ó meu Deus, livra-me da acídia! Favorece-me um espírito de entusiasmo para a oração e o trabalho. Por meio dessas ações, possa eu sentir-me feliz e alegre neste mundo. Afasta de minha vida qualquer tibieza, para que eu possa responder ao amor de Deus e entregar-me ao dinamismo da Caridade. Dá-me, Senhor, esse dinamismo, pois fazendo algo de bom na missão, alcance a realização de minha vocação à qual fui chamado: servir os irmãos e as irmãs! Amém!" (Do autor).

São Francisco e o Pecado da Tristeza

A irmã da tristeza é a acídia

Talvez, possa-se dizer que Francisco tenha recuperado a tristeza como um dos pecados capitais, como entendia o monge Evágrio Póntico (345-399), o primeiro a estruturar esses pecados em suas meditações. Esse monge, do deserto do Egito, nomeou oito tipos de doenças espirituais que afligiam as pessoas e precisariam ser superadas. Sua lista trazia os seguintes pecados: inveja, ira, avareza, gula, luxúria, tristeza e vanglória. Tais doenças, a Igreja denominou-as de pecados capitais, tendo como reformulador o papa Gregório Magno (590-604). Ele considerou os sete pecados capitais: soberba, avareza, inveja, ira, luxúria, gula e preguiça. Nesse caso, a *vanglória* passou a ser chamada de *soberba* e a *tristeza* de *preguiça.*

Francisco de Assis foi sempre uma pessoa feliz. Alegrava-se com tudo que se passava em sua vida; evitava transparecer triste diante de acontecimentos ruins. Narra Tomás de Celano: "Em uma ocasião em que os cidadãos de Perusa e os de Assis se viram envolvidos em não pequena desgraça por causa da guerra, Francisco foi preso com muitos outros e sofreu com eles as penúrias do cárcere. Os companheiros se deixavam abater pela tristeza, lamentando-se do cativeiro, mas Francisco exultava no Senhor, ria-se e fazia pouco da cadeia. Ofendidos, os outros increparam esse louco e demente que se alegrava na prisão. Francisco respondeu profeticamente: "Por que vocês pensam que eu estou contente? Estou pensando em outra coisa: ainda vou ser venerado como santo por todo mundo". E, de fato, cumpriu-se o que ele disse" (1Cel I 4).

Compreendeu ele, após sua conversão, que, para "conservar em si, interior e exteriormente, a alegria espiritual" (CA 120,13), seria necessário que os irmãos perseverassem na oração e devoção, pois "O demônio exulta quando pode extinguir ou impedir a devoção e a alegria do coração do servo de Deus, as quais provêm da oração pura e de outras boas obras" (CA 120,5). Francisco vigiava a si mesmo para não cair na *acídia* ou preguiça espiritual, pois sabia que ela provém de recusar a alegria que vem de Deus.

Meditando os vários aspectos da espiritualidade do Pobre de Assis, percebemos que, por meio da dimensão biopsicoespiritual, o Servo de Deus não se deixava entristecer interior e exteriormente. Nem sentimentos, emoções, apetites, desejos, conflitos, deixavam-no perturbar a alegria espiritual nem cair em tentação e, consequentemente, na acídia existencial. Francisco fazia "o máximo e especial esforço por possuir, constantemente, a alegria espiritual, tanto no interior quanto no exterior" (EP 95,1). Deixava-o feliz quando via essa alegria espiritual nos frades "e até os repreendia muitas vezes por sua tristeza e mau humor, mesmo exterior" (EP 95,2; 96,4).

Francisco tinha consciência de que "os demônios [o invejavam] por causa dos benefícios que o Senhor [lhe concedia]" (2EP 96,1). Esses benefícios proviam-lhe da "limpidez do coração, [da devoção], da pureza da oração constante [e do ofício divino]" (2EP 95,1.3.7). Ele quer resguardar os frades das ciladas dos demônios que "exultam quando podem extinguir ou impedir a devoção e a alegria que provém da oração pura e das outras obras de virtude" (2EP 95,5; CA 120,5). Ao perceber algum irmão triste, logo o repreendia, orientando-o: "Mantém esta tristeza entre ti e Deus e pede-lhe que, por sua misericórdia, tenha compaixão de ti e *restitua* à tua alma *a alegria de sua salvação* (Sl 50,14), que foi perdida por culpa do pecado" (2EP 96,5-6).

Os irmãos, publicamente, deveriam se cuidar para que não se mostrassem "exteriormente sombrios e tristes hipócritas", mas se mostrassem "*alegres no Senhor* (Is 61,10), sorridentes, agradáveis e convenientemente simpáticos" (RnB VII, 16; 2Cel XCI 128,6; CA 120,16-19). Eis, uma orientação que poderia estar em nossas dinâmicas pastorais, fazendo com que muitas pessoas, superando seus traumas e conflitos, pudessem retomar a alegria espiritual.

Contudo, essa alegria não deve ser considerada simplesmente algo psicológico que se manifesta "pelo riso ou mesmo por demasiadas palavras vãs, já que por isso não se mostra a alegria espiritual, mas a vaidade e a fatuidade" (2EP 96,8-9). Entende-se claramente que Francisco não confundia a alegria interior com o *riso,* que é a manifestação de uma reação psicológica diante do trágico, da comédia, do teatro, da piada, senão uma manifestação que surge da "limpidez do coração" assentado na oração constante, na devoção, no ofício divino e nas obras virtuosas. Como São Paulo orientava a comunidade de Tessalonicenses: "Vivei sempre na alegria e orai sem cessar" (1Ts 5,16-17).

A única tristeza e inveja que Francisco sentia em sua vida era quando encontrava alguém mais pobre do que ele. Esse espírito de compaixão para com os pobres fazia com que retornasse à realidade da manjedoura em que nascera o Filho da Virgem Maria, pois ele "lia em todos os pobres o Filho da Senhora pobre, trazendo nu no coração quem ela trouxe nu nas mãos. E como tivesse banido de si *toda inveja* (1Pd 2,1), só não pôde ficar livre da inveja da pobreza. Se por acaso visse um mais pobre do que ele próprio, imediatamente sentia inveja e temia ser vencido pelo outro, ao concorrer com pobreza rival" (2Cel LI 83,1-7).

Contraponto à Tristeza: Alegria Espiritual

"A tristeza não entra no coração do cristão, porque ele é jovem"
(Papa Francisco)

Para Tomás de Celano, Francisco enchia-se, muitas vezes, de "admirável e inefável alegria, quando olhava para o sol, quando via a lua, quando contemplava as estrelas e o firmamento" (1Cel XXIX 80,4). Parece algo romântico, e o é, enquanto homem de seu tempo, porém, de uma atitude carregada de respeito e veneração. Ele cultivava, na alma, a leveza espiritual, revelando nele um espírito jovial. Não havia lugar para a tristeza. Da alma, afugentava qualquer murmúrio contra a vida. Em nada, sentia desânimo senão entusiasmo em comungar tudo o que lhe proporcionasse o crescimento humano e espiritual.

São Francisco tinha o maior cuidado para que sua alma não fosse tomada pelo veneno da tristeza, pois esta poderia levá-lo à preguiça espiritual: a oração e a devoção. A ausência do entusiasmo é um vírus infectado pela tristeza. Pois é a ausência do "sal da alma", segundo Santo Agostinho. Para Francisco, o demônio alegra-se com o desânimo existencial dos filhos e das filhas de Deus. Assim narra Tomás de Celano: "Com o máximo cuidado, evitava a péssima doença da tristeza, de modo que, quando a sentia a penetrar na mente, ainda que um pouquinho, corria o mais depressa possível à oração" (2Cel LXXXVIII 125,8).

Eis a grandeza desse Santo: não se deixar levar pelas *insídias e astúcias* do inimigo. E dizia: "*O servo de Deus* (Dn 6,20), perturbado por alguma coisa, como pode acontecer, deve levantar-se imediatamente para rezar e perseverar na oração por tanto tempo diante do Pai supremo até que ele *lhe restitua a alegria de sua salvação* (Sl 50,14). Pois, *se demorar* (Hab 2,3) na tristeza, desenvolver-se-á aquele mal babilônico que finalmente, se não for lavado pelas lágrimas, produzirá no coração uma ferrugem que há de permanecer" (2Cel LXXXVIII 125,9-10).

Como a tristeza é um sentimento psicológico, não devemos permanecer nela por muito tempo, pois ela poderá nos levar ao desânimo, à acídia espiritual e à morte. A metáfora usada por Francisco é a ferrugem que, assim como corrói os metais, poderá, progressivamente, consumir do coração a alegria, a paz e o entusiasmo por Jesus Cristo. A tristeza e a acídia produzem no coração tal ferrugem. E a superação da tristeza e da preguiça espiritual dá-se por meio do arrependimento, das lágrimas e da perseverança na oração e devoção.

Certa vez, Francisco viu um irmão que "apresentava um rosto desanimado e triste e, sentindo-se incomodado, disse-lhe: "Não convém que o *servo de Deus* (Dn 6,20) se mostre *triste e carrancudo* (Is 42,4) aos homens, mas se mostre sempre gracioso. Dissipa tuas ofensas *em teu quarto* (Ecl 10,20), chora e geme *diante de teu Deus* (Gn 6,8). Quando voltas para junto dos irmãos, tendo deposto a tristeza, conforma-te aos outros" (2Cel XCI 128,1-3). Com tais palavras, o Pai Seráfico orientava os irmãos para que não desenvolvessem o "mal babilônico", ou seja, uma grande confusão ou desordem interior, da qual não pudesse se libertar.

Quando Francisco sentia dores insuportáveis, recorria a alguma ação para que dissipasse tais sofrimentos. Assim, certa vez, ele pediu a um irmão que trouxesse de empréstimo uma cítara e tocasse "um canto honesto", a fim de que desse "algum alívio ao irmão corpo cheio de dores" (2Cel LXXXIX 126,3). Mas aquele irmão, tendo uma vida pregressa, excelente tocador de cítara, disse-lhe que sentia "não pouca vergonha, temendo que os homens suspeitassem que ele fora "tentado por esta leviandade". Francisco disse-lhe: "Então, deixemos isto, irmão! É bom deixar muitas coisas, para que a reputação não seja lesada" (2Cel LXXXIX 126,4-5).

Mas, na noite seguinte, estando o "santo em vigília e a meditar sobre Deus, de repente, soa uma cítara de harmonia maravilhosa e *de suavíssima melodia* (Sir 40,21). Não se via ninguém, mas a própria *variação da intenção do som* (Ez 10,13) indicava o ir e vir do citarista de cá para lá. Finalmente, "*estando no espírito voltado para Deus* (Jó 34,14), o santo pai frui tanta suavidade naquele agradabilíssimo canto que pensa que se tinha mudado para outro mundo. *Levantando-se de manhã* (Gn 28,18), o santo chama o referido irmão e, narrando-lhe *tudo por ordem* (Est 15,9), acrescentou: "O senhor, *que consola* os aflitos, nunca me deixou sem *consolação* (2Cor 1,4). Pois, já que não pude ouvir as cítaras dos homens, ouvi uma cítara mais suave" (2Cel LXXXIX 126,4-10).

O Seráfico vivia continuamente se regozijando no Senhor, pois não havia motivo algum para a tristeza. Diante das perseguições, tribulações e angústias, os irmãos "sofriam tudo com coragem e paciência, conforme Francisco lhes tinha ensinado. Não se deixavam dominar pela tristeza, não ficavam contrariados, mas como homens empenhados em grandes lucros, exultavam nas tribulações e se alegravam, orando sinceramente a Deus por seus perseguidores" (AP V,23).

Faz-nos lembrar os conselhos de São Paulo aos Filipenses: "Alegrai-vos sempre no Senhor. Repito: alegrai-vos! Seja conhecida de todos os homens vossa bondade. O Senhor está próximo. Não vos inquieteis com nada! Em todas as circunstâncias apresentai a Deus vossas preocupações, mediante a oração, as súplicas e a ação de graças. E a paz de Deus, que excede toda a inteligência, haverá de guardar vossos corações e vossos pensamentos, em Cristo Jesus" (Fl 4,4-7).

O sábio do Eclesiástico ensina-nos que devemos manter-nos na alegria e não na tristeza: "Não entregues tua alma à tristeza, não atormentes a ti mesmo em teus pensamentos. A alegria do coração é a vida do homem, e um inesgotável tesouro de santidade. A alegria do homem torna mais longa sua vida" (Ecl 30,22-23).

Meditação Espiritual

O papa Francisco, em uma de suas homilias, lembrou que "A tristeza não entra no coração do cristão porque ele é jovem". Disse: "Contra a tristeza, na oração, pedimos ao Senhor para que guarde em nós a juventude renovada do espírito", pois "Aqui, entra em jogo o Espírito Santo porque é Ele que faz com que haja em nós essa juventude que nos renova sempre". Depois, ele citou uma santa que dizia: "Um santo triste é um triste santo". Portanto, um cristão triste é um triste cristão e isso não é bom. A tristeza não entra no coração do cristão, porque ele é jovem. Fale com o Espírito. Ele apoiará você e lhe dará novamente a juventude. O pecado, por outro lado, envelhece: envelhece a alma, envelhece tudo. Jamais esta tristeza pagã. Na vida há momentos difíceis, mas neles sentimos que o Espírito nos ajuda a ir em frente (...) e a superar as dificuldades. Até mesmo o martírio. Peçamos ao Senhor para não perder esta juventude renovada, para não ser cristãos aposentados que perderam a alegria e se deixam conduzir... O cristão nunca se aposenta, o cristão vive, vive porque é jovem, quando é cristão verdadeiro" (Homilia, dia 28 de maio de 2019).

Em outra ocasião, em uma dessas suas catequeses, na Praça de São Pedro, o papa Francisco falou: "Alguns temem que levar a sério sua proposta, o que Jesus nos propõe, signifique arruinar a vida, mortificar nossos desejos, nossas aspirações mais fortes. Às vezes, surgem dentro de nós estes pensamentos: que Deus nos pede demasiado, temos medo de que Deus nos peça demasiadamente, que não nos ame verdadeiramente. Ao contrário, em nossa primeira audiência, vimos que o sinal de um encontro com o Senhor é a alegria. Quando me encontro com o Senhor na oração, fico alegre. Cada um de nós torna-se jubiloso, algo bonito.

Jesus nunca obriga a segui-lo, nunca. Jesus faz-te conhecer sua vontade, de coração faz com que saibas as coisas, mas deixa-te livre. E isto é o aspeto mais bonito da oração com Jesus: a liberdade que Ele nos deixa. Ao contrário, quando nos afastamos do Senhor, permanecemos com alguma coisa triste, algo negativo no coração" (Palavras do Santo Padre, Roma: 09/01/2024).

Textos Bíblicos sobre a Tristeza

– "A tristeza me consome a vista, o vigor e o apetite" (Sl 31,9).

– "Em verdade, em verdade vos digo: haveis de lamentar e chorar, mas o mundo se há de alegrar. E haveis de estar tristes, mas vossa tristeza se há de transformar em alegria" (Jo 16,20).

– "A tristeza não entra no coração do cristão, porque ele é jovem" (Papa Francisco).

Textos Bíblicos sobre a Alegria Espiritual

– "O Senhor é minha força e meu escudo! Por isso meu coração exulta e o louvo com meu cântico" (Sl 27,7).

– "Minha alma glorifica ao Senhor e meu espírito exulta de alegria em Deus, meu Salvador, porque olhou para sua pobre serva" (Lc 1,46).

– "Disse-vos essas coisas para que minha alegria esteja em vós, e vossa alegria seja completa" (Jo 15,11).

Questões Reflexivas

1. A tristeza consome meu coração e minha mente?
2. A ausência do entusiasmo é um vírus infectado pela tristeza. Alguma vez faltou esse entusiasmo em minha vida?
3. A oração e a devoção têm me ajudado a superar a tristeza e permanecer na alegria?
4. Como conservar em mim, interior e exteriormente, a alegria espiritual?
5. Na vida há momentos difíceis, mas nesses momentos sentimos que o Espírito nos ajuda a ir em frente (...) e a superar as dificuldades. Quando me vi nesses momentos e o Espírito Santo ajudou-me a ir em frente?
6. Minha alegria é estar perto de Deus. De que forma me esforço para estar sempre perto de Deus?

Oração

"Senhor, arranca de meu coração toda a tristeza, para que ela não consuma minha alegria e meu entusiasmado de viver. Concede-me a alegria espiritual, a fim de que eu possa superar todas as dificuldades, as angústias e os medos. Senhor, tua alegria é minha força. Que ela não falte a minha vida. És meu guia e protetor. Amém!" (Do autor).

Bibliografia

AGOSTINHO, Santo. Confissões. São Paulo: Paulus, 1984.

Bíblia Sagrada Ave Maria. São Paulo: Editora Ave--Maria, 1ª Edição, 2011.

Catecismo da Igreja Católica. 4ª edição. Petrópolis, RJ, São Paulo, SP: Vozes, Paulinas, Ave-Maria, 1993.

COMTE-SPONNVILLE, André. Pequeno Tratado das Grandes Virtudes. São Paulo: Martins Fontes, 1996.

FRANCISCO, Papa. *Evangelii Gaudium* - A Alegria do Evangelho. São Paulo: Paulinas, 2013.

__________. O Cristão é sempre jovem. Vatican News, 28 de maio de 2019.

__________. Evangelho e Palavra do dia. Vatican News, 09 janeiro de 2024.

Fontes Franciscanas e Clarianas. Petrópolis, RJ: Vozes, 2004.

Imitação de Cristo. 27ª edição. São Paulo: Editora Ave-Maria, 2013.

LACARRIÈRE, Jacques. Padres do Deserto: homens embriagados de Deus. 3ª Edição. São Paulo: Edições Loyola, 2013.

L'Osservatore Romano, ed. em português, n. 50 de 14 de dezembro de 2017.

Patton, Fr. Francesco. A enfermidade na vida de São Francisco e nos escritos franciscanos. Custódio da Terra Santa. Artigo. Vatican News, Roma: 02 de novembro de 2020.

RIBEIRO, Dom Antônio de Assis. Homilia: CNBB, 13 de outubro de 2021.

SILVA, Antonio Leandro da. *Superando suas angústias: um caminho espiritual para superar seus traumas e sofrimentos.* Editora: Santuário de Aparecida-SP, 2023.

TERESINHA, Santa. História de uma Alma. Paulus-SP, 2002.

Este livro foi composto com as famílias tipográficas Minion Pro e Segoe
e impresso em papel Offset 70g/m² pela **Gráfica Santuário.**